살다가 가끔
갸우뚱, 한다

살다가 가끔 갸우뚱, 한다

2025년 7월 9일 초판 1쇄 인쇄 발행

지 은 이 ㅣ 허정진
펴 낸 이 ㅣ 박종래
펴 낸 곳 ㅣ 도서출판 명성서림

등록번호 ㅣ 301-2014-013
주   소 ㅣ 04625 서울시 중구 필동로 6 (2, 3층)
대표전화 ㅣ 02)2277-2800
팩   스 ㅣ 02)2277-8945
이 메 일 ㅣ msprint8944@naver.com

값 10,000원
ISBN 979-11-7439-011-0

※ 잘못된 책은 교환해 드립니다.
※ 이 책 내용의 일부 또는 전부를 재사용하려면 반드시 저작권자의 동의를 얻어야 합니다.

살다가 가끔
갸우뚱, 한다

허정진 시집

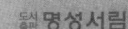

책을 내며

첫 시집이다.
그래서 어떤 한 가지 테마에
심층적인 접근이나 차별적 해석에 도전하기보다는
삶, 사람, 사랑, 자연, 가족 등
일상의 소재를 중심으로
인간다운 삶의 본질을 찾는 기회로 삼았다.

철학, 미학, 문제의식, 성찰, 사유는
아니더라도
선과 보편적인 진리
누군가의 삶이 내재 된
타인을 배려한
언어유희가 아닌
화려하지도 속되지도 않은
휴머니즘이 주제고 바탕인
인간적인 언어의 시를 쓰고 싶었다.

시의 창작은
자기 발견이면서 구도의 과정이다.
나의 글쓰기 또한
낭만과 슬픔 사이를 끝없이 방황하며
열기와 냉기를 토해내고 들이마시며
마음 밭을 가꾸는 일에서 시작된다.
문학의 길은
시시포스의 형벌과 같은 일이지만
가장 나답게 존재하는 일이고
가장 행복한 일이다.

2025. 6. 10

허정진 시인

차례

책을 내며 *04*

제1부
오래된 슬픔

삶 *10*

혀의 반란 *11*

버려진 식탁 *12*

일어서는 풀꽃 *14*

복숭아 껍질론 *15*

그 길에 딱따구리가 있어 *16*

경운기의 시간 *18*

콩나물 항아리 *20*

등대 교향곡 *22*

복숭아문떡살 *24*

비정규직의 오늘 *26*

참외 따리 *28*

제2부
덧셈이 필요한 시간

신발 한 켤레 30
부록의 시간 32
동절기冬節期 34
마음 귀 36
태평추를 먹다 37
친구를 찾을 나이 38
등대 40
돌담길을 걷다 42
눈으로 말하는 법 44
기도의 연줄 46
시인이 되다 48
바위를 오르다 50

제3부
삶의 쉼표가 필요할 때

어머니의 호미 52
홍합탕 한 사발 54
봄날이 간다 56
정情을 묶다 57
수어手語 58
물 항아리 60
그리운 날들 62
덩굴손 64
그 눈 65
복숭아체体 66
밥상의 해석 68
고고성呱呱聲을 듣고 70

제4부
여유는 초록이다

풀꽃에 대한 해석　72
곡선의 시간　73
푸른 산의 방정식　74
콜로라도 평원　76
오래된 정자亭子　78
화살나무 단풍　80
은행나무 전 상서　82
무궁화꽃이 피었습니다　84
나무 같은 사람　86
연필을 쥐었더니　87
나무는, 안다　88
고목이 된다는 것　90

제5부
당신이라는 느낌표

아버지를 읽는 법　92
춘궁기春窮期　94
모념慕念　96
이끼　98
겨울 전봇대　100
달래　101
코를 골다　102
동영상　103
어머니의 눈眼　104
노모老母　105
착한 거짓말　106
어머니의 발　108

작품론　110

제1부

오래된 슬픔

삶

새가 하늘을 날 수 있는 것도
대나무가 곧게 자라는 것도
범종이 멀리 울려 퍼지는 것도
구들장이 따뜻한 것도
북소리가 둥둥 우렁찬 것도
배가 물에 뜨는 것도
피리가 맑은 소리를 내는 것도
연탄불이 활활 타오르는 것도

다 제 속을 비웠기 때문이다

혀의 반란

해갈이 끝나도 묵언 수행 중인
갯벌 조개 다문 입 사이로 칼을 들이댄다
자백을 강요하듯
진실이 궁금하다는 듯
가벼이 혀를 내놓았다가 미끼에 걸린 탓인지
속살로 꽉 찬 침묵이 어금니를 깨물고 있다
개흙을 물고 자란 수많은 언어들
잘 여문 옥수수 같은 대본으로 무장하였지만
치열이 가지런한 대화는 서로를 용서하는 일
때로는 오염된 갯물을 삼키느라
상처나 독이 된 적 어디 한두 번이었을까
궁금증이고 물음이고 주장이던 혀
진심을 다해도 해석은 듣는 자의 몫일 때
바다는 무거워지고
기록되고 싶지 않은 어수선한 비밀들
달의 자전과 혀의 거리를 상상하지만
자해한 거품은 결국 죽음을 밀고 나온다
문상처럼 다녀가는 비릿한 갯내음
상처와 위로 사이
그 언어의 경계를 찾지 못한 낯선 세상이
자꾸 헛손질만 한다

버려진 식탁

허공에 넉장거리로 누워
기울어진 그림자에 기댄 낡은 식탁
주인 기다리는 유기견처럼 상처받은 눈빛이다
커피 향이 보글보글 끓던 수많은 아침과
바깥에서 돌아온 식구들 저녁을 먹을 시간
황금빛 들판처럼 생선은 노릇하게 구워지고
- 어서 와!
네 곁에 내가 있다는 정겨운 도마소리
된장 냄새 큼큼한 오늘의 식단은 폐부로 스며들고
입가에 묻은 시름을 서로 떼어주던
그 기억만으로도 가슴이 따뜻해지던 날들

오후가 깨어지고 골목이 헐거워져도
버리고 간 주소는 다시 복원되지 않는다
시간 밖의 시간에서는 햇살도 비껴가는지
실직한 찬바람들이 쓰레기를 뒤적거릴 때마다
귀에 익은 한 공기의 수저질에 생이별이 힘들다
용도 폐기된 채 내팽개쳐진
무당거미가 차린 허공의 식탁에는
미리 수저 놓기 하던 어린 아들도 이제 없고

웃음기 많은 나물과 찌개를 더 이상 올려놓지도 못한다
어둠을 끌어다 감춘 저 유기遺棄에는
검붉은 그리움만 밤새 서성이고 있다

일어서는 풀꽃

기다려주지 않아도 스스로 일어서는 것들은
질기고 긴 뿌리를 갖고 산다
바람에 꺾이지 않을 만큼 제 무게를 감당하다가
그 뿌리의 힘으로 어느 날 줄기를 세우고
햇볕은 부족해도 딛고 설 땅만 있으면
바람만으로 배가 불러도 외롭지 않았던 날들
쪽잠에서 깨어나 더듬는 꿈이
드디어 꽃망울을 피웠다는 소문을 키우고
비록 화려한 꽃잎으로 눈뜬 적 없어도
바닥은 바닥이 기억하는 냄새가 있다

삶이란 푸른 노동을 하는 것
꽃을 피우는 것이 늘 성스러운 일만은 아니어서
내 어깨에도 짊어져야 할 생의 무게가 있고
주어진 가난은 마냥 빈혈로 떠돌기만 할 뿐
농현 줄처럼 떨고 있는 새벽이 늘 그 자리를 맴돌았다
그래도 삼동 제치고 봄을 피워내고
말없이 꽃을 피워 웃고 또 웃고 일어서는 것은
질긴 생의 손톱들 저 밑에서부터 자라는
바닥의 견고한 힘을 믿기 때문이다

복숭아 껍질론

발그레한 피막 하나면 충분하다 처음부터
방어와 경계를 두지 않았기에 껍질은
철옹성 견고한 성곽이 아니라 구름처럼
막힘없는 평원이고 무저항의 입지였다
겉치장은 욕欲과 환幻의 경계일 뿐
아기 살결처럼 여리고 순한 껍질은
안과 밖이 따로 없는, 속내를 거두는 일이었다
제 새끼 키우느라 잃어버린 여자의 존재처럼
속살을 채우느라 허술해진 외관, 그 외피는
작은 상처 하나에도 격조를 시켜내기엔 역부족이다

겉만 온전하면 속도 완벽할 것이라는 믿음
봉긋한 젖빛 표면적을 현미경으로 추적한 끝에
개똥지빠귀 입질한 자국 하나 보고는
툭~
그 흠집 하나로
그의 생애 전체가 불량이 되고 말았다
한설 삭풍도 맨몸으로 견디며 복사꽃 피워내고
이슬과 바람, 저녁놀과 달빛 그리고 그리움으로
보드라운 속살과 물씬한 단내를 만들었던
그 노력과 수고가

그 길에 딱따구리가 있어

미련에 밤새 몸부림치던
삭풍 지나간 길목
조각달 지우는 엷은 먹구름 사이로
고요 속에 빈 가지 하나
딱딱 따악~딱
직립으로 세상을 망치질하는
우윳빛보다 연약한 부리
산 한 채 짊어진 목탁 소리처럼
공심空心을 가르는 대찬 파동
저러면 몰래
혼자 혼절할 수 있을까

세상은 냉정하게 되돌아서 있을 때
방아깨비처럼 이마를 짓이겨보던
언젠가 무심코 나도 따라 해본 적 있어
슬픔은 뚝뚝 떨어지고
통증은 덜컹덜컹 사라질 수 있을지
흔들림마다 부서져 내리는 결핍들
아프니까 또 아물 수도 있는 것이라고
그 안에

분명 부드러운 속살 있어
홀로 허공을 졸탁하여
텅 빈 가슴 가만히 들여앉히는 일

경운기의 시간

탈탈 타탈탈
무논 사이 농삿길을 경운기 하나가 지나간다
그 낡아진 소리만큼 등 굽은 농부는 꺼멓게 주름지고
박꽃 닮은 아낙은 보살처럼 흔들림이 없다
딱딱 따다딱
먼 산언저리 딱따구리는 그 시간마다 깨어나
늙은 미루나무 붙잡고 오늘도 사립문을 만들 것이다
물오른 잎새들이 꽃바람의 시간을 알고
여울이 되어야 냇물 소리 들을 수 있듯
시간은 같은 시간으로만 소통되는 것
광속으로 달려온 젊은 승용차 하나가
경운기 가진 시간을 덥석 삼켜버리고
빵빵 빠앙빵
도시의 속도로 요란하게 경적을 울린다
자식 잘되라고 게을러 본 적 없는
세상 짐 무거워서 황소걸음인데
그 시간도 모르고, 그 속도도 모르고
갓길 하나 틈새도 없는 길에서
네 아비, 네 어미를
논둑 아래로 어서 곤두박질하라 한다

자연 아닌 것 하나가
감꽃 같은 시골 하나를 깨뜨린다

시간의 경계에 선 복사꽃이
분홍빛 망울지며 몰락하고 있다

콩나물 항아리

콩나물에서는 식은 땀내가 난다

우장처럼 검은 보자기 둘러쓰고
침묵 한 모숨과 물 한 모금
곧은 몸 하나 불립문자로
운명 앞에 단독자처럼 맞짱 뜨고 있다

굳게 입 다물고 있던 쥐눈이콩
여린 잇몸에 젖니 돋아나듯
흑진주 껍질 열고 세상과 호흡하는 시간
물밥 먹고 되새김질하는 생장점마다
우윳빛 속살 꿈꾸며 자라났지만
넘어지고, 고꾸라지고, 물구나무서고
처음에는 직립이 아니었다

무엇이든 붙잡으려 손을 뻗어도
몸 하나 의지할 곳 없는 허공
해바라기할 빛도
딛고 설 땅도
없는, 혼돈과 두려움에
살아내기 위한 바닥들의 몸부림이었다

잎도 꽃도 없이
젖은 몸으로만 살아야 하는 존재
맨몸으로 일어서야 하는 사시랑이 육신
절망과 어둠 속에서도 흰빛으로 깨어나
보듬고 부둥켜안은 잔뿌리들
서로를 등받이 하고 버팀목 삼아
저렇게 제힘으로 일어서는 것을

때가 되면 울울창창한 숲 하나
저렇게 만들어지는 것을

등대 교향곡

등 푸른 고등어가 산란한 유선형의 바다에
지난한 세월 소금꽃으로 피어나는 등명기
모닥불 사르듯 샛노란 불빛 타오르면
낮볕에 웅성거리던 숨탄것들 서둘러 날개 접고
눈 귀만 열어둔 채 낙조 진 수평선을 걷고 있다

날 선 예각들 첩첩 파도에 무디어진 교향시
허공을 가르는 빛줄기 점과 점 사이 오르내리면
울리자 사라지는 소리 등대의 시간을 조각한다

바람통에 갇힌 해조음은 낮은 현을 어루만지고
흑조를 건너온 연어 떼 귀향의 모태 항구
달팽이관 같은 미로를 빠져나온 마파람은
둔중한 배경음을 끌고 간다
오선지 별빛 음표들 꾸벅잠 자는 사이
좌표 없이 날아오른 갈매기 제 자리를 찾고
변주에 익숙한 포말이 토혈하는 1막 1장

전설로 남은 애내성이 직조한 악보
황석어젓 곰삭은 해풍 자락에 페이지가 넘겨지면
뱉어내지 못한 악장 사이의 침묵, 그 먹먹한 통증은
숨비소리 터지듯 빗살무늬로 금이 간다

먼바다 너울은 셋잇단음표에서 조금씩 엇박자를 내는데
세상은 하루도 파랑주의보 아닌 날이 없어
저 가난한 무적 소리도 누군가에게는 때때로 필요한 법
만선을 꿈꾸는 새벽 뱃고동 너머로
심해 어둑한 곳 향유고래 심장 소리 들려오면
등대에 기대 뜬눈 새운 한 사내, 구겨진 어둠을 펴고
다시 세상 속으로 걸어간다

복숭아문떡살

팔순 잔칫상에 오른 색색 절편
거친 물살에 제 살 깎인 몽돌처럼
봉긋한 복숭아 떡살 무늬
덜커덩, 새척지근한 땀내와 계절이 배여 나온다

질기고도 지루했던 본때 없는 가난
생때같은 식구들 목숨을 거두느라
복사꽃 같던 고운 여자는 없고
짐 진 어머니의 무게만 출렁거렸던 생生
속살 빨아대는 애벌레 같은 자식들에
단물과 향기를 양생하느라 뼛심을 다했던 세월
불가마를 견뎌 존재를 드러내는 항아리처럼
제 빛깔과 형체를 안으로 끌어안아
낙과하는 일 없이 홀로 지켜낸 그 자리
감향甘香에 헐거워진 더위가 돌아가고 나면
있어도 없는 바람의 민낯인 듯
고통의 더께도 말랑말랑 아물어가고 있었다

제 몸을 허물고 비워낸 여백만큼
박달나무 목질에 아로새긴 복숭아 목각화
장생과 복!
끝나지 않은 유산처럼 숨겨둔 떡살 편지
먼 길에서 돌아온 순례자처럼
하지 같은 볕살 지나 단단하게 굳은 씨앗
담홍색 속살 다 내주고 등 굽은 화석으로 남아
모시옷 여린 껍질로 너울너울 춤추는 저 몸짓
노잣돈 같은 뻐꾸기 울음 눈앞에 흔들거린다

비정규직의 오늘

블루칼라 버스 한 대 정거장에 선다
온다간다 시간표도 없는
밀레니엄시市 행복동 행行 노선
같은 방향 동승자들 서둘러 타고 내린다
기다렸던 사람들 많아도 줄서기는 의미 없는 일
당첨된 복권같이 임시를 선택받은 행운에
먹고사느라 목마른 얼굴들 간신히 버스에 오른다
남자를 벗고 얻은 아버지란 이름의 한 사내
낙오병의 시간으로 먼 길 돌아온 순례자처럼
구두창은 낡아도 바라보는 눈은 말갛다
빈 좌석이 오아시스처럼 눈에 띄지만
그곳은 지정된 그들만의 자리
보이지 않는 유리 벽에 막혀 앉을 수가 없다
좌석번호도, 정원도 없는 임시승차권
궤도를 이탈한 적 없이 살아온 날들이지만
영혼 없는 흑백사진 속 군상들처럼
그도 입석이다

목적지로 가는 길은 멀고 힘들다
때로는 급커브, 급정거도 있게 마련
목매달던 중심들이 허공에 나뒹굴어도
안전벨트가 없다
- 일자리가 희망, 모두가 행복한 일자리! -
선거철 플래카드가 세상 밖에서 기우뚱 펄럭인다
종점까지 무사히 갈 수 있을지
불심검문 하듯 예고 없이 정차할 때마다
도중하차 경고음이 물뱀처럼 심장을 가르고 지나간다
입석도 아쉬운 행복동행 차편
쓰러지지 않으면 서 있어야만 하는 자리
뒷주머니 시집 한 편 꺼내 들고
계약연장 정거장 지나 덜컹덜컹 행갈이마다
식구들 웃음소리 몰래 읽으며 간다

참외 똬리

손바닥만 한 텃밭에 무성한 잡초
미루다 큰맘 먹고
토벌 작전 나선 게으른 오후

숨겨놓은 보물처럼
잡초 그늘에 드러난
흙투성이 맨살의 샛노란 참외들
반갑고 귀한 마음에
주변 잡초들 뽑아 받침대로 깔아주었는데

한 목숨 거둬 한 목숨 뒤치다꺼리한 것 같아
갑질한 것 같기도 하고
금수저 흙수저 차별한 것 같기도 하고
평생을 밑받침만 하던 아버지 생각도 나고

그런 나도
잡초 아닌가 싶어
분별없는 마음 사나운 오후

제2부

덧셈이 필요한 시간

신발 한 켤레

어머니 작은 아파트 현관에
상표도 없는 허름한 작업화 한 켤레
혼자 살기 무서워
남정네 신발 하나 두었다고 하지만
낯익은 조각 그림이 풍경처럼 걸어 다닌다

감물 든 베적삼처럼
멍울진 그리움은 흔적으로 깃드는 법
거친 세상을 맨몸으로 부딪쳐온 낯선 상처들
하여, 발을 잃은 그 신발은
길바닥에 젖은 빗물 같은 이력서를 가졌다

신을 일도 없는 구두보다
사시사철 공사장마다 평생을 동무하던 작업화
바깥 관절이 다 뭉개져 삐걱대던 시간들
세상의 낮고 누추한 바닥을 오체투지로 걷느라
집에 돌아와서도 홀로 구부정한 밤을 지새웠다

양탄자 한 번 밟아본 적 없이
가장의 끈 동여맨 흙투성이 길 위의 신발
쉼표도 없는 삶의 등짐
흔들리는 버스에서나 잠시 쉬었을 뿐
봄 햇살에 산뜻하게 광내보는 날도 없었다

살며시 열어본 속살
발바닥 지문 사라진 노동의 무게에
몸으로만 닳고 닳은 오목가슴의 뒤축
더 이상 길 위에 나설 일도 없는 지금
새척지근한 땀내만 낙오병처럼 남아
바람을 앞질러 가던 아버지 발등을 어루만지고 있다

부록의 시간

독거노인

대문 앞에 홀로 나와앉아
주름살 깊은 과거를 허공에 펼쳐놓고 있는 노인
불쑥 뱉은 혼잣말에 섬뜩 놀라는 이질감
어디선가 비에 젖은 신문지 냄새가 난다
자폐증에 빠진 괘종시계는 멈춘 지 오래
혼자서 주고받는 수신과 발신은 더 조급해지고
무기력하게 한 곳만 응시하는 집중 아닌 집중
말보다 청각이 더 곤두서는 월세방처럼
세월을 앓는 통증만이 나이 든 죗값을 치르고 있다
태어났다 돌아가는 일이 바람만큼 가볍다던
안식의 나라에서 보낸 당신의 엽서는
아직 도착하지 않았다

늙는다는 것은 단순함에 익숙해지는 시간
둥글고 순한 웃음으로 산다면
그래도 세상이 딱딱하지는 않을 것이라고
이 나이도 밥심으로 살아가는 것인지
국밥이라도 한술 뜨끈하게 말아먹으면
오늘보다 내일은 더 말랑해질 것 같아서
악수하고 돌아서면 손에 남는 허전함

사람도 한때뿐이라는 그 서운함 때문에
배라도 부르면 덜 외로울 것 같아서
달항아리 같은 마음의 근육을 키울 때도 있지만
내일의 일과는 또 공란으로 남겨둔 채
돌아서는 그림자가 마른풀처럼 흔들린다

동절기冬節期

동지 해 짧은 날
동네 식품점 한 뼘 햇살을 빌려
누런 종이상자에 황톳빛으로 앉은 노파
발아래 수북이 흙내 나는 쪽파를 다듬고 있다
철 지난 매화 등피같이 갈라 터진 손끝에
어린 자식새끼 우물가에 옷 벗기듯
하얀 속살 수줍게 드러내는 쪽파들
파릇한 풋내음 지나가는 발자국에 밟힌다
수고비로 받은 한 끼 식사인지
수제비 한 그릇 밥상도 없이 옆구리에 껴안고
묵은 나이 세듯 오물대는 입김마다
손안에 한 줌 파 향기 콧등이 알싸하다
저녁놀 같은 눈빛으로 간간이 짓는 미소
파간장, 파김치에 파전도 부쳐놓으면
파꽃처럼 웃음 짓던 식구들 눈앞에 읽힌다
그도 예전엔 여자이고 엄마였던 시간,
좀처럼 젖지 않는 명치끝의 슬픔이
올 터진 목도리 틈새 싸늘하게 파고든다
알몸 된 마음 텅 빈 허공을 맴돌다가
따개비처럼 붙어 있던 하루 해거름에 일으키면

쪽방이라도 가는지
서산마루 두둥불로 흔들리던 노을이
가는 길동무 되어 동그랗게 보듬고 간다

마음 귀

말의 제어장치가
머리라면
귀는 마음일 텐데

가는귀먹었다는 핑계로 소리가 작아 안 들리고, 말이 빨라 안 들리고, 발음이 나빠 안 들리고, 사투리가 심해 안 들리고 때로는 못 들은 체 사오정처럼, 귀 베고 꼬리 베고 능구렁이처럼, 다른 소리 안 듣겠다 이어폰처럼, 눈으로 보는 수어手語처럼, 무슨 말인지 모르는 외국어처럼, 가청음역 밖의 메아리처럼, 듣고 싶은 것만 듣고 믿고 싶은 것만 믿는 확증편향처럼

마음 밖으로 듣느라
들리지 않는 것이 많은데

내 작은 기척에도 길고양이는
귀 쫑긋
댓잎 같은 눈부처로 연민을 끌어안고 있다

태평추*를 먹다

낯선 먼 길을 걷거나
거친 눈보라에 어깨가 움츠러드는 날은
고향이나 집밥 같은 거, 문득 생각나기도 하지
무거운 짐 홀로 짊어진 생이 외롭고
새파랗게 얼어붙은 하루가 또 힘들기만 해도
따뜻한 밥 한 그릇으로
고달픈 영혼을 위로받는 날도 있지
날창날창한 메밀묵 한 지름
돼지고기 한 토막을 묵은지에 올려
숟가락으로 훌훌 떠먹는 뜨거운 국물
설움도 울컥, 성엣장처럼 둥둥 떠내려가고
곁에 내 편이 생긴 것처럼
마음 든든해지는 일이어서
태평하지 못한 시름도 잊어버리곤 하지
칼칼하고 개운한 그 맛이 그리운 날은
가난하지만 결코 불행하지 않았던 그 시절
어렴풋이 아버지라는 존재에 대해
누군가의 어깨가 된다는 것에 대해
또 한 번쯤 생각하게 되지

태평추: 경북 예천 지방의 향토 음식. 도토리묵, 돼지고기, 김치를 넣어 끓인 국물 요리로 궁중음식인 탕평채가 서민화 된 음식.

친구를 찾을 나이

외로움은 필경
늙어서가 아닐 것이다. 청춘에도
봄날이 아프고 바람 잘 날 없듯이
머무는 시간은 순간의 흔적일 뿐
피고 지는 꽃 같은 사랑도
씨방으로 품은 그리움은 화려한 것이므로
혼자라서가 아니라고 접어두자

가시덤불 헤쳐나온 세상
누군가는 그 요령에 빛나고 풍성한 날들이지만
또 누군가의 생은 마른 흙냄새만 같아서
그 단내 나는 영혼을 아우르던 세월
꽃은 꽃대로 잡초는 잡초대로
그렇게 살았으면 된 것이다

흑조黑潮를 누비던 언어의 회유성
모태로 역류하는 이 나이는
서로에게 용서와 화해가 필요한 시간
욕欲과 환幻 비워낸 그 자리에, 산처럼
말없이 옆에만 있어도 좋은
풍경 같은 친구 한 명 있었으면

제 자랑만 하려고 오늘도
술 마시고, 밥 먹자는
그런 사람밖에 없다

등대

도시로 고등학교 진학하고 싶어
밤늦게까지 공부하고 집으로 돌아가는 길
가로등 하나 없는 외딴집
무당집 지나 뜬소문 바스락대는 대밭도 지나려면
보름 달빛 아래도 머리끝이 쭈뼛거리는데
지척이 분간되지 않는 그믐에는
도마뱀 달아나듯 어둠을 뛰어가지도 못하고
새카맣게 구부러진 불안이 홀로 배회하는
신작로 끝나는 언덕배기

멀리서도
어둠 속에 반짝이는 작은 불빛 하나
하루를 털어내지도 못하고 마중 나온 아버지
무거운 짐 진 어깨로 등대처럼 오도카니 서서
나 여기 있다고 홀로 깜빡이는 손전등
쿵! 합격 통지서처럼
안도와 환희로 달려가는 날빛 심장 소리
좁은 언덕길 앞장서게 하고 등 뒤에서
오롯이 내 앞으로만, 내 길로만 비춰주던
한 모숨 햇살 같았던 아버지의 불빛

무섭지도, 흔들리는 일도 없이
함께 가는 길

돌담길을 걷다

미로처럼 얽힌 구불구불한 돌담길
방향과 표식보다 익숙한
그리운 냄새를 쫓아 저마다 코를 벌렁거린다
신호등이나 표지판이 없어도
아무도 길을 잃었다는 풍문은 들리지 않고
안주인의 생이 조각보처럼 바느질된 돌담
하루를 탁발하는 달팽이 먼 시간을 끌어당긴다
크고 작은 돌들이 짝을 이루어
서로 잡아주고, 받쳐주고, 어깨를 내주고
기승전결이 완벽한 생의 층계를 보는 것 같다
들여다봐도 좋다는 듯 하나같이 낮기만 해서
길모퉁이 각도를 열고 다니는 바람의 곡선처럼
모나고 각진 곳 없이 둥근 것들은
아무 말 없이 순하기만 하다
죄진 적 없는 소 눈망울 같은 집들이
천천히 가야 보인다고
느린 것이 멀리 가는 힘이라고
청유형의 완곡어법으로 손짓한다
아껴둔 비점을 찍듯 돌담에 손을 얹으면
길을 잃고 속도만 쫓아가던 날들

나를 들여다보는 내가 보이고
쉼표 같은 여유가 온몸으로 파고든다

눈으로 말하는 법

때로는 말보다 표정이 진심인데
얼굴을 가린 코로나 마스크
횡단보도 신호등 바라보듯
언제부터 눈이 유일 신앙처럼 되었을까?

눈꼬리 웃음, 실눈 뜨기, 윙크, 흔들리는 눈동자
모자라는 자음과 모음을 대신해 두 눈썹까지
눈이 마음과 마음이 된 불립문자는
청포묵처럼 낭창낭창한 눈웃음을 짓고 있다

입술이 살지 않는 문장들
눈빛만 비대해지는 언어가
건조하고 낯설어 자꾸만 실핏줄이 터져
너무 깊숙한 언어는 농익어 부끄럽고
시선이 어긋난 언어는 의미소가 되지 못해
가난한 눈치만으로 도무지 행간이 읽히지 않는다

입은 작아지고 눈만 커지는
일찍이 팬데믹을 겪었다는 외계인의 경고처럼
자연 그대로의 자연을 배신한 그 시퍼런 입술
자신이 바이러스라는 사실을 숨기기 위해
오늘도
눈으로 말하는 법을 서둘러 학습한다

기도의 연줄

푸른 영혼의 강가에 기대어
높은 곳 하늘 끝에 오르는 살진 방패연
덜커덩, 낯선 바람이 연줄에 올라타고 있다

구름의 포를 뜬 창호지 하나
한줄기 미풍에도 바르르 몸을 떨던
문풍지 우는 여린 마음
뼈마디 같은 꽁숫달에 몸을 일으키고
오래된 그리움을 풀어쓰기 한 장방형 연서
어둠 뚫고 새벽길 내려앉은 달빛처럼
둥글게 방구멍 낸 하늘 걸음이 가뿐하다

햇살의 결과 겹으로 만든 연실은
한설 삭풍에도 움츠러들지 않는
믿음의 푸새 먹인 생명줄
말도, 소리도 없는 미세한 떨림만으로
사지를 돌고 돌아 심장에 이르는 실핏줄처럼
이 끝과 저 끝을 연결하는 기도자의 동선

당기고 풀어내며 멈추는 일 없이
성령의 보금자리에 둥지 튼 연을 지탱하며
결코 놓치지 않는 언약의 끈
허공은 그걸 받아주려고
바지랑대 치켜든 빨랫줄처럼
밑줄 친 말씀 한 구절 팽팽히 잡아당긴다

누군가 위에서 당겨주고 있는 느낌
손안에, 짜릿한
그 응답!

시인이 되다

혀舌를 제단에 바치면 시詩가 되고
혀舌를 나에게 사용하면 말語이라는데

사랑 아닌 사랑을 찾고
지문처럼 새겨진 퀭한 상처만 끌어안고
나를 죽여 구원의 기쁨을 붙잡지도 못한 채
칸델라 파란 불꽃처럼 틈마다 흔들리고 살면서

시가 어디에 있나?

그렇지 않은 것을 그렇게 느껴야 하는 체험도
보이지 않는 것을 마음으로 보는 영감도 없이
들으려는 귀도 열지 않고
읊으려는 입도 열지 않고

시가 어디서 왔는지 모른다던 네루다의 푸념처럼!

그리움이 성육되는 깊고 깊은 밤
내 안의 말이 허물을 벗고
잠들어 있던 영혼이 말씀으로 다시 태어나면
침 바른 연필심 꾹꾹 눌러가며, 밀서처럼
주님의 시詩를 눈물로 받아 적는다

신神이 이미 만들어둔 것을
나는 다만 돌을 깎았을 뿐이라는 미켈란젤로의 조각처럼

바위를 오르다

 쉬어가기 평퍼짐한 바위는 눈에 없다가도 늦은 오후 길 걷는 나그네 여정에는 있다 철갑으로 무장한 벌레 한 마리가 바위를 가로질러 광야의 행군처럼 뙤약볕 아래 기어오르고 있다 세상 무거운 굴레를 외피로 뒤집어쓰고 뒤뚱대는 걸음으로 매달려 있다 그늘아래 빠르고 편한 푸새 길을 마다하고 이끼 한 줌 없는 바위길이다 불시착인지, 방향이나 거리도 예측하지 못하고 그저 직진으로만 내달은 무모한 입지는 아닌지 걱정이다

 속도와 실리로 무장한 눈에는 답답할지라도 그러나, 그건 그가 선택한 자신만의 행로다 그 길에도 엄연한 이유와 까닭이 있을 것이다 자력磁力에는 각성覺醒이 있어 자력 덩어리 지구별은 그 영검한 기운을 광물질인 바위 속에 숨겨두었다 바위가 내뿜는 자력이 온몸에 순환되어 뇌세포까지 이르면, 아! 구원으로 가는 통로가 열린다는 그 이야기를 들은 바 있다 세상의 모든 영지靈地는 바위산에 있다는데, 그에게는 그게 감란산이었을 게다

제3부

삶의 쉼표가 필요할 때

어머니의 호미

고향 옛집 허청에 덩그러니
대 끊긴 유산처럼 홀로 걸려있는 호미
무너진 담장 너머 숨어있던 바람이
새척지근한 땀내를 한 움큼 떨구고 지나간다

서 있는 것이 죄이기라도 한 듯
따개비처럼 땅에 붙어 엉금거리는 생生
비탈진 돼기밭도 문전옥답만 같아서
자식새끼 양육하듯 밭이랑 끌어안는 시간마다
둥글게 몸을 말은 그림자도 뒤뚱거리며 뒤따른다

운궁법 익힌 마법사처럼
세상 모든 생명을 심고, 키우고, 꽃피우는
날래고 능수능란한 호미 놀림

노을이 붉게 물들고서야 간신히
눈에 띄는 빈자리 후비적대며 걸어 나오면
석고처럼 굳어진 몸뚱이
담장 싸리나무 꽃들이 한꺼번에 홍자색 울음을 터뜨린다

생때같은 식구들 먹여 살리느라
허구한 날 가슴이 타고 등뼈가 휘는 날들
잡초처럼 땅을 움켜쥐고 사는 손을
놓지 못하는, 그 인고는
갈퀴손 같은 신체의 일부가 된 지 오래다

뼈를 갈아 자식 몸에 붙여주듯
닳고 또 닳은 호미
사마귀처럼 날씬하고 강단 있는 몸태는
조막손 같은 정물화로 남아
등 굽은 몸 그림자 밟으며 어머니가 걷고 있다

홍합탕 한 사발

회귀성 난류가 통째로 삼투압 하는 바다
갓 잡아 올린 갯내가
통증을 익히면 노을 깊은 속살이 된다
백기 투항하듯 벌린 입 사이로
차마 발설하지 못한 혀들이 옹송그리고
토해낸 땀의 분비물들이 젖빛으로 일렁인다

갯바람 먹고 배가 부른 돛처럼
짙은 갈맷빛 패각은 시간이 양육한 뼈
그 소금꽃으로 각인된 나이테마다
켜켜이 밀려오는 파도의 만연체들
문신처럼 새긴 삶의 뜨거운 암호들이
바람통에 갇힌 해조음 되어 행간마다 숨었다

끝까지 나와서도 놓지 못하는 족사足絲
살아내기 위해 매달려야 했던 생명줄 같은 것
세상은 하루도 파랑주의보 아닌 날이 없어
먼바다 너울이 엇박자를 낼 때마다
저 바위를 단단하게 움켜잡았던 생의 넝쿨이었다

건조하고 푸석한 세상이 목에 걸려
퇴근길에 들른 단골 선술집
시원하게 우려낸 홍합탕 한 사발에
새파랗게 얼어붙은 하루는 해갈되고
암각화 된 삶의 내력을 읽어내는 동안
구겨진 어둠을 펴고 멀리 등댓불이 불을 밝힌다

봄날이 간다

DDT가스 내뿜는 푸른 골목길에
방역차 뽀얀 연기 속을 두 팔 휘저으며
신나게 달음박질하는 아이들은
걷는 것보다 뛰는 것이 더 익숙한
나이들은, 왁자지껄 소리 지르며
시간보다 빠르게 산다

시간이 동무하며 걷던
꿈 많은 청춘도 한 때일 뿐
신발 끈 고쳐 맬 틈도 없이
쫓고 쫓기며 살아야 했던, 평생을
앞서만 가던 그 시간

퇴색한 유품처럼 자국으로 멍울져
투투투투, 늙은 방역차는 지금도
낯익은 추억 뱉으며 지나가지만, 시간의
꼼수를 알아버린 아이들은
더 이상 뛰어가지 않는다, 이제는
세월을 앓는 통증만이
덜컹덜컹 걸음마다 소리 지르며
가는 봄날 붙들고 있다

정情을 묶다

고향 갔다 승용차 가득 노모가 실어준
크고 작은 자루와 보자기들
갈고리 같은 손으로 밤새 묶었다가 풀었다가
신주 모시듯 뜬눈 새웠을 그 시간
자식에게 주는 것은 무엇이든 귀하기만 해서
칡넝쿨 칭칭 감듯, 포승줄 꽁꽁 묶듯
겹겹으로 입을 봉한 풀기 힘든 매듭
가위로 툭, 잘라버리고 싶어도
주고 주어도 모자라는 모정을 끊는 것 같아
씨름하듯 매달려 비밀번호 푸는 이 시간
자식들은 도시에서 편히 살라 하지만
들창 넘어 눈앞에 서성이는 지아비 무덤
손때 묻은 어린 흔적들 떠나지 못해
낮달 걸린 거푸집에 홀로 견뎌내는 세월
하루 종일 호미질로 뙈기밭을 파적거리 삼아
자식들 눈에 밟혀오는 그리움은
소금 창고 같은 저린 가슴에 밤마다 묶어두는 일
달빛 가려 숨은 자리에 박꽃 열리듯
허우룩한 손놀림에 풀리는 보자기 곳간마다
새척지근한 어머니 땀내와 계절이 웅크리고 있다

수어 手語

손이 춤춘다
종다리 날갯짓처럼 팔랑팔랑
발레 호두까기 인형이 춤추는
화려하고 눈부신 '꽃의 왈츠'
소리 없는 손이 알몸으로 유희한다

손가락을 오므렸다 폈다
손바닥을 주먹 위로 올렸다 내렸다
알 듯 모를 듯 상형문자 놀이
목울대보다 뜨거운 앞가슴으로 쏟아내는
손으로 말하는 거짓 없는 고백이다

높낮이도 없고 박자도 없지만
거칠거나 딱딱함도 없는
맑고 고운 언어

보고 있어도 알지 못하는
세상은 묵음 처리된 풍경화
사라졌다 나타나는 마술사 손놀림처럼
흰나비 떼 자음과 모음이 손짓말로 날아들고
숨어있던 느낌표도 감탄사도 뛰어나와
갇혀있던 침묵의 담장을 허문다

꽃이 하는 말을
꽃들이 알아듣고 활짝, 웃는다

물 항아리

고향 옛집 낡은 공간마다 침묵 속에는
굴풋한 유년의 그리움이 흑백의 시간으로 숨어있다

부엌간 죽편 살강 옆에 수도승처럼
어른 팔 깊이의 둥글게 살진 물 항아리
종굴박 하나 항로 없는 나룻배로 떠다니고
길 잃은 새끼 거미 깨금발로 허공을 지나간다

귀 기울이면 밤새 옹달샘들이 잉태하는 소리
순정 녹아든 물빛 수채화처럼
맑고 고운 샘물

허기진 식구들 머리맡에 자리끼였다가
어둑새벽 장독대 정화수도 되고
배꼽마당 뛰어놀다 한 바가지 벌컥대면 정말 꿀맛이다

질기고도 지루한 본때 없는 가난에
산통 치르듯 지난한 세월에도 흔들리는 일 없이
생때같은 목숨 끌어안은 어머니의 작은 호수
무거운 삶의 동이를 뼛심으로 이고 나르며
마르지 않아 바닥을 드러낸 적이 없다

항아리 벽 숨구멍마다 탈각脫殼하는 꿈들
살아 출렁이는 신화들로 가득 차
결과 겹으로 층층 한 푸른 세포 키워내는 물관처럼
생生의 자궁이며, 둥지이며, 세상으로 향한 출구이다

텅 빈 항아리 등뼈 사이를 빠져나온 바람이
암호처럼 손때 묻은 그리움을 필사하는 시간
제 살 내준 조각달 물낯으로 내려앉으면
오래된 어머니가 복사꽃처럼 환하게 피어난다

그리운 날들

십 리 길 장터 따라오지 말래도
오늘따라 말 안 듣는 눈물범벅 계집아이
으름장 눈초리에 멀찌감치 물렸다가
돌아서면 놓칠세라 허겁지겁 쫓아가고

볼거리, 먹을거리, 신기한 것 많은 오일장
왁자지껄 사람 소리 혼이 빠질 것 같아
치맛자락 꼭 붙잡고 올망졸망 훔쳐보는 세상
한마당 돌고 나면 허기로 무거워진 발걸음

구수한 멸칫국물에 하얀 국수 한 그릇
어른이 먹을법한 막사발 코앞에 받아놓고
당첨된 복권같이 기막히게 행복하던 순간
얼룩진 눈물자국은 은빛 물비늘로 반짝이고

머리 위에 장 보따리 나비 떼처럼 춤추는 오후
나른한 햇살이 졸음 겨운 눈꺼풀에 내려앉으면
등 내민 엄마 목덜미 끌어안고
발밤발밤 집으로 돌아가는 꿈결 같은 시간

방 하나 독차지한 듯 호젓한 편안과
국수보다 더 배부른 내 것,에 대한 만족감
새척지근한 속살 내음 귀뺨으로 핥았던
어머니 따뜻한 등이 그립다

덩굴손

담장 위 허공을 움켜쥐고
농현 줄처럼 떨고 있는 둥근 손
하늘 바람 울렁일 때마다
꺾일 듯 위태로운 공중곡예
더듬어도 잡히지 않는 삶에
못 다 푼 연둣빛 상형문자

사지를 뻗어 암벽타기 하다가
깨끼발로 붙잡은 가는 바지랑대
온몸 체중 싣고 생生을 일으키면
벽 너머 저편에 보이는 빛 한줄기
햇살 한 움큼 베어 물고
튼튼한 교량 하나 놓는다

그 눈

형체도 없고 실체도 없이
내 안의 나를 읽고 있는 그 눈
정직을 관찰하고
공의를 변별하는

못 본 척 감은 눈 뜨게 하고
칼을 세운 눈 풀어내고
헛거미 잡힌 눈 끌어내리는

말도 없고 귀도 없는 것이
죽비처럼

뿌리치려 해도 다시 따라와
죽어서야 사라질 그 눈
잘 살아낸다면
언젠가 그윽해질 그, 눈

복숭아체体

구민회관 다녀온 노모 누런 가방에
복사꽃 같은 수줍음이 연분홍으로 뒤따른다
넉살 좋게 지퍼 풀린 가방 사이로
번지수 다른 배달물처럼 낯선 공책 하나
소리와 문자의 경계를 두리번거리고 있다

팔순 넘겨 한글 배우는 재미에
고향 떠난 외로움 잊고 사는 요즘
길거리 간판도, 버스노선도 혼자 읽어낼 때마다
솜털 보송한 호기심이 주름진 눈가에 그득하다
질기고도 지루했던 본때 없는 가난
생때같은 식구들 목숨을 거두느라
둥글게 몸을 말아 안으로만 구부러진 생生
있어도 없는 바람의 민낯처럼
자기 존재도 잃어버린 낡은 손으로
흩어진 자음 모음, 나를 찾아 문패를 걸어본다

침 묻힌 연필 꾹꾹 눌러쓴
모난 곳 없이 둥글둥글한 글씨체
먼 곳 지아비에게 보내는 연서처럼
또박또박 정성을 다한 느낌
부드러워 눈에 부담이 없어
딸애 윈도우 폰트에서도 보았던,

복숭아체体!

넌지시 눈길 쫓아가면
받침마다 배시시, 달달한 향기가 배어 나올 것 같다

밥상의 해석

늦은 밤 단칸방 윗목에
모란꽃수 상보 끌어안은 소반
조무래기 무릎 나온 바지들 횃대에 걸리고
등밀이로 온 방 안을 휘젓는 막내의 잠버릇
구들장은 화롯불만큼 뜨끈해도
삼십 촉 알전구는 어둠 앞에 가난했다
구멍 난 양말쯤은 그림자로도 꿰매고
괘종시계 울리듯 문풍지 떨릴 때마다
아랫목에 앙군 밥주발에 눈길 가는 어머니
엄동설한도 꾸벅대는 길고 긴 겨울밤, 이런 저녁은
달팽이 같은 시간을 아껴먹던 평온이 아니었나 싶다
일터에서 밤늦게 귀가한 아버지
고흐의 자화상처럼 동여맨 목도리에
새파랗게 얼어붙은 노동이 뒤따라오던 골목길
그런 날은 어린 눈에도 아버지란 존재를
누군가의 어깨가 된다는 것에 대해 어렴풋이 생각해 본 것 같다
하루의 쉼표들로 막 데워낸 된장찌개
이불 귀에 몸 녹인 정情들이 서로를 다독일 때
밥상 너머로 전해오는 비로소 완성된 가계도 하나

가난하지만 결코 불행하지 않았던
그런 저녁들을 위해서
식구들은 해지면 집으로 돌아왔던 것이다

고고성呱呱聲을 듣고

시집간 딸이 딸을 낳더니
탄생 순간을 멀리 사진으로 전송해 왔다
양배추 속처럼 주름진 눈덩이와 콧등은 뒤로 젖히고
우주라도 빨아들일 듯 벌어진 입천장에는
태어난 첫울음에 농현 줄처럼 떨고 있는 혀가 있었다
참새 혓바닥인지, 봄날 나뭇가지 새순 같은
그 혀에는 아무리 봐도 독이 없다
옹알대는 혼잣말이 기역니은 낱말이 되고
기호 같은 손짓발짓이 느낌표도 감탄사도 되어
그 언어들이 손녀를 키울 것이다
세상은 궁금하고 물음과 주장이 많은 곳
말하기보다 듣기를 좋아하고
자기 몸을 때려 아름다운 소리를 내는 풍금처럼
제 안의 술렁임과 파랑을 풀어낸 고요한 음성
도랑물 흐르듯 기도하는 소리 같았으면 좋겠다
가장 강하면서도 가장 여린
천년만년 녹슬지 않는 붉은 살덩이!
혀는 세상을 들고나는 내 마음의 창문이다
말갛게 닦은 창으로 내비치는 투명한 언어로
누군가가 따뜻해지는 혀가 되었으면
고고성을 듣는 이 순간, 아침은 맑고 푸르다

제4부

여유는 초록이다

풀꽃에 대한 해석

분진 같은 씨앗이라도
한 생애를 담았으면 작은 우주일 텐데
바늘귀 틈새라도 몸 하나 가로누워
낮은 곳에서 맨몸으로 밀어 올린 꽃대
쌀눈만 한 꽃잎과 주근깨 꽃술 몇 개
보일락 말락 꽃 같지도 않은 꽃이라
벌 나비도 거들떠 날아들지 않지만
삶의 의미와 무게는 누구에게나 동일한 법

호사스럽게 덧칠한 유화도 아니고
불붙는 화염의 유혹과도 거리가 멀어
구름 한 자밤, 바람 한 움큼으로 그려낸
수채화 같은 꽃
독이나 가시 하나 품지 않고
남의 햇볕 가린 적도 없는
살아내라고 가르쳐준 적 없어도
음지도 푸르게 나눠 먹는 바닥의 풀꽃들
그 의지와 순결은 핏빛 장미보다 강렬해
낮게 앉아 목 빼고 들여다보는 눈망울에
너무 작아서 눈이 아픈 꽃

곡선의 시간

산에 산이 업혀 아슴푸레 잠들었다
등짝에 밴 새척지근한 땀내와 계절의 풋내는
귀뺨으로 핥았던 어머니 살냄새를 닮았다
오르다가 내리다가, 숨었다가 보였다가
빨리 가거나 앞서가지 않는 길을
양육하는 산은 직선을 만들지 않는다
속도보다 나선형의 시간에 익숙한 굽은 길
발 없는 뱀이 걷는 보법이며
둥근 나이테를 목각하는 산의 오래된 습관이다
제 몸을 비워내며 열매가 발효하듯
맨바닥을 견디며 숙성된 구불구불한 산길
나무의 각도를 여는 바람의 고샅길처럼
순하다
동안거 마친 산이 전하는 푸른 법어는
천천히 가는 것이 더 멀리 가고
느린 것이 더 오래 가는 힘이라고 말한다
동그란 시간이 모여 사는 산길
모였다 흩어지며 종곡점도 없는 여정
신호등이나 표지판이 없어도
아무도 길을 잃었다는 풍문은 들리지 않는다

푸른 산의 방정식

푸른 것들은 땀이 많다
다래 덩굴을 자르거나 고로쇠나무에 구멍을 내면
숨이 차오르기도 전에 땀부터 흘린다
작은 물방울이거나 온몸의 이슬처럼
초록의 잎과 줄기마다 세 들어 사는
물관 세포들의 결 겹으로 된 땀샘은
애초부터 순결과 희망의 형태소를 가졌는데
그것을 피톤치드나 산 꽃향기라 부르기도 한다
그 땀방울을 먹고 사는 숨탄것들은
푸른 즙을 내어 병든 몸을 염색하기도 하고
푸른 땀을 삶아 보약처럼 달여 내기도 한다

세상살이가 뻑뻑할 때마다 땀구멍을 여닫지만
때로는 숫기 없는 식은땀을 흘릴 때도 있다
생때같은 식구들 목숨을 거두느라
둥글게 몸을 말아 바닥으로 걷는 어머니처럼
등 굽은 노송이거나
벼랑을 가로지르고 높은 벽을 넘는 초록들은
얼마나 많은 땀으로 산이 되는지 알고 있다
자애로운 속성들은 푸른 것이어서

초록 토끼들이 사는 산에는
옆구리마다 갈맷빛 생장점이 튀어나오고
막혔던 혈관을 순례하는 푸른 피돌기 따라
메마른 가슴에 덜컹, 빗장 푸는 소리 들려온다

콜로라도 평원

앉은뱅이 민들레가 하늘 꽃 되고
초록 별빛 내려와 풀벌레와 잠드는 곳

높은 곳이 없어 그늘진 곳도 없고
낮은 곳이 없어 내려볼 필요도 없다
새들도 제 다니는 바람길이 있고
풀들도 제 좋아하는 골목길이 있다

작고 이름 없는 것들에게
허락된 세상
홀로 핀 장미, 여기서는 잡초다

잡힐 듯 해도 잡을 수 없는
쫓아간다고 가까워지지도 않는
지평선뿐
아무것도 없다, 정말

곁눈질도, 굴종도 없고
줄 세우거나 비교할 필요도 없는
해방된 삶
알몸 되어 뛰어가는 나를
거기서 보았다

오래된 정자亭子

마음은 자유로운 새를 닮고
몸은 늘푸른 청송으로 태어난 바람이
새알 같은 둥지를 트고 사는 정자
사람은 가고 역사만 남았지만
시퍼런 세월을 삼키고도 바람은 변함이 없다

시간의 수인처럼 개울녘 홀로 늙은 누각
색바랜 기둥마다 정감 묻은 시가詩歌의 향취
조복 벗고 촌로로 오신 선비님들
곧은 붓끝 그윽한 먹물 향기로
풍류로 수양으로 정가 한 곡조 읊조렸을 터
결 고운 선비의 글 소리 온 누리에 퍼지면
물리고 버릴 것 분별하고
지키고 이루고 되살릴 것 잊지 않는
흰 두루마기 깃 눈부신 하늘에
지혜의 푸른 서기 살아 숨 쉬는 듯

대청마루에 따스한 체온 아직도 남아
우렁우렁했던 그 낮과 밤의 말씀들
그 꼿꼿하고 절개 굳은 숨결들
잠시 머물고 갈 허공에도 들숨 날숨 열어 주었으니
가진 것 없어도 깨달음만으로 충만한 여유
바람의 정자인 듯 그늘을 이불 삼아
시간 밖의 시간으로 삶의 행간을 읽는다

화살나무 단풍

가시 박힌 나무에도
장미가 피어나듯이
화살 같은 매운 이름이라고
사랑도 모를까

수줍은 마음
앙증맞은 도란형 잎으로
노을이 시침질한 연서

갑사 바람에 젖어
그리움에 물들 때마다

물오른
새색시 입술보다 더 고운
선연한 순홍빛
내 심장을 돌던 피가
불붙은 정념

당신의 마음 과녁에
날개 달린 가지로
화살처럼 달려가고 싶은
임을 향한 순정
이 가을이 가기 전에

은행나무 전 상서

거기 은행나무는 안녕하신가요?

우리 동네도 우람한 은행나무가 있지요
가을이면
커다란 우산을 씌어놓은 듯
온 마을을 황금빛으로 물들였던
도천2길 주소보다
은행나무 마을로 불러주었던

어느 날
동장 놈인지 군청 놈인지
맨 가지를 싹둑싹둑 다 잘라
흉물스러운 전봇대로 만들어 버렸어요
청소하기 귀찮다고
구린내 난다고
새똥 더럽다고

나무 그늘에 벤치도 없어지고
길손들 웃음소리도 사라지고
가을 같은 세상도 도둑맞고

그곳 은행나무는 아무 일 없는지요?

무궁화꽃이 피었습니다

그들이 춤을 춘다
눈물겹도록 하얗고, 아리도록 떨려오는 연보라
한지 같은 꽃잎 부채 펼친 도란형 통꽃으로
나비들 열두 폭 치맛자락 날갯짓처럼
너울너울, 꽃잎들 군무가 눈부시다

버려야 산다는 듯
새벽에 피었다 저녁이면 생生을 거두어도
사라졌다 나타나는 마법사처럼
다음 날 아침이면 어제 본 그대로인 순정
꺼엄~뻑 눈을 감았다 뜨면
세상은 낯선 기운으로 찬란하고
정지된 시간이 다시 움직이기 시작하는 것처럼

끊임없이 일어서고 또 일어서고
끝내 굽히거나 포기하지 않는 자강불식의 기상
인내와 끈기로 살아내느라
이름 석 자 향내마저 잃어버렸지만
어떤 독이나 가시도 품은 일 없이
오천 년 한반도에 지천으로 피어나는 꽃

질그릇처럼 소박하고 베적삼처럼
수수해서, 들풀 같기만 한 나무
겨드랑이 사이로 새하얀 충절을 키우며
그 순결한 꽃으로 피어나
이 땅 어느 곳에나 살아 숨 쉬는 영혼
핏빛으로 물든 상처 지우지 못해
한여름 더위에도 덜커덩, 깨어나 춤추는
이름 모를 의병의 꽃인 것처럼

나무 같은 사람

나무를 심은 사람
죽어 새가 된다는데
새들은 안다
나무는 변하지도 않고
나를 떠나지도 않을 것을

바람은 새처럼 씨앗을 물고
허리 한번 펴본 적 없는 나무는
허공에 양팔 뻗어 나를 끌어안고

홀로 피고 지는 꽃
빗소리 들으며 숲이 자라듯
산은 안다
나무가 흘린 초록빛 땀을
벼랑을 가로지르는 비명을

연필을 쥐었더니

시를 쓰기 위해
손에 쥔 나무 한 그루
깨어진 꿈에 헐렁해진 나이테마다
청정한 아침 햇살
산새들 날갯짓이 퍼덕거리고
천둥과 번개를 견뎌온 시간
묵시록 같은 맨발도 설핏 보였다

시작은 삐뚤빼뚤했지만
새알처럼 둥지를 튼 열애는
밤새워 사각거렸던 손 편지들
산이 자라는 동안
지우개로 지운 자리에 풀물 들고
이제, 몽당으로 남은 그리움
나무가 된 시인은
뒤척뒤척 오늘도 숲으로 간다

나무는, 안다

눈 비바람 맨몸으로 맞으며
목마르거나 또 외로운 계절이어도
홀로 나이테를 키우는 일이거나
빈자리 찾아 풀꽃 피워내는 일이거나
산다는 게 쉬운 일이 아니라는 것을
나무는, 안다

잠 못 드는 가랑잎 밤새 뒤척이고
하루하루를 탁발하는 풀벌레들
밤하늘 유성의 마지막 빛줄기에도
귀를 열고 있는 나무는
허기진 것들의 먹먹한 슬픔을
안다
그도 온몸으로 살아왔으니까

몸이 아프거나
세상일에 지치고 힘들어서
때로는 상처받은 자존심 때문에
산을 찾는 사람들의 구겨진 오늘을
나무는 안다, 그래서

구름 한 점 허공에 길을 내듯
달려가, 푸른 바람으로 품는다

고목이 된다는 것

뜨거웠던 날들이 있어
고요에 든 푸른 나이테의 시간
옹이진 상처가 나무를 세우듯
자신만의 속도와 방향으로
맨몸으로 살아낸 덕분인 것을
허공을 두드리는 딱따구리
언제 비우고 산 적 있느냐며 되묻는데
더불어 사는 숨탄것들
때론 허리를 꺾어 은신처를 내어주고
바람길 막힘없이 풍성한 햇살
더 이상 그늘이 되어주지는 못해도
길 잃은 자에게 이정표가 되고
지친 이들에게 등 내밀어주며
한 몸 따뜻한 군불이라도 된다면

둥글고 순한 웃음으로
늙어, 그래도 봄날인 것을

제5부

당신이라는 느낌표

아버지를 읽는 법

전지전능한 신神과 비교하지 말 것
그도 젖먹이로 태어나 처음 걸어보는 길
외줄 타듯 흔들리며 살아온 사람
남몰래 눈물이, 설움이 복받쳐오면
누구에겐가 등 기대고 싶은
따뜻한 손이 오늘도 그리운 사람
황석어젓처럼 짜고 매서운 세상
맨몸으로 살아내는 무기는 오직 가족뿐
힘들어도 표 내지 않고
밟혀도 꺾이는 법 없이
앞만 보고 달려가는 초보 전투병처럼
가시밭길 두렵지 않은 이유는
남자를 벗고 얻은 아버지란 이름 때문

쉼표 없는 생의 등짐들
눈 귀 없는 갑충 되어 웅크린 밤마다
굽은 어깻죽지에서 반물빛 땀내가 나는 사람
지친 등 기대고 선 골목길
하루를 부대끼다 생채기 난 마음 한쪽
외로운 그 마음이 옹이박이로 굳어진 사람

그것도 숨기려고 빈 하늘 홀로 보고
그것도 감추려고 한숨도 속으로만 삼켜
자식 앞에서는 늘 웃기만 하는 사람
저 마음은 하나인데 번번이 행간을 놓쳐버려
살아생전 해독하지 못한 상형문자처럼
뒤늦게서야
뒷모습으로만 읽혀지는 사람

춘궁기 春窮期

장닭 홰치는 소리에
굼뜬 새벽이
재 너머 깊은 골에
보쌈한 아낙들을 풀어놓는다

겨울이 하산하고
봄볕으로 쪼아낸 숨구멍
군내 털어낸 자리마다
바람결에 들랑거리는 쑥향

도톰한 젖빛 속살
쌉싸래하게 물오른 옥빛
인고 첩첩한 각질마다
억척으로 배어든 모성애

곰삭은 가난에
봄나들일랑 세상 저편의 꿈
허기로 녹슨 쇠칼
춘궁春窮의 결기 어린 절단

쑥버무리 밥상 눈어림해보니
열흘은 굶지 않겠다
동산 같은 보퉁이 하늘에 이고
달빛에 두둥실, 어머니가
보릿고개 하루를 넘어온다

모념慕念

제절 아래 은빛 삐비꽃 피우고
본때 없는 세월 봄날을 꿈꾸며
무덤 하나 지난한 계절을 여닫는다
초록 물결 위에 작은 섬이 되어
거기서도 여기서도 홀로 가꾼 꽃밭
바람결에 자식들 숨소리 놓칠까 봐
밤마다 하늘 귀 열어두고 산다
가진 것 없고 출세한 적 없지만
길 없는 길 걷는 자식들 신발 되어
진흙탕도 마다 않고 맨몸으로 나서던
작고 굽었지만 세상에서 가장 든든한 어깨
오장육부 다 꺼내주고도 남은 게 많아
지게꾼처럼 자식 등짐만 질 생각뿐
빈털터리 당신 가슴 채울 줄도 모른다
미안한 것 없어도 미안해하며
아버지라는 명함 한 장 못 내밀고
혼자 짓던 마른 웃음
가깝지만 멀리 있는 자식들에
홀로 외로워하던 그 눈길

눈을 감아야 보이는 그리움이
때때로 이 계절을 슬프게 한다

이끼

허물어진 돌담에 자라난 이끼
차렵이불처럼 모난 돌 둥글게 덮고 있다

햇살 그늘진 돌 층계참에 소나기 긋고 지나가면 채마밭처럼 빗물체로 살아 꿈틀거리는 청태의*, 헛꽃만 피고 지어 벌 나비 날아든 적 없지만 파르스름한 녹태에 달빛 향기 가득하다 갈맷빛 실타래 풀어 십자수 놓는 밤마다 한 땀 한 땀 시린 눈물이 발묵하듯 번져가고 청둥오리 떼 시퍼런 그리움을 뚝뚝 떨구며 아침을 밟고 간다

자식을 감싸는 모성애의 꽃말

습하고 그늘진 곳에서 푸른 제 목숨을 소신공양하는 이끼, 관다발이 없어도 자식들 들썩이는 숨소리만으로 배가 부르다 바람에 흔들리는 일도 없고 바닥을 벗어나 본 적도 없다 세상에서 가장 부드럽고 독성도 없지만 지구에서 가장 척박한 곳에서도, 가장 고통스러운 환경에서도 생존 가능하다

목마른 신새벽
돌담 곁에 비손하는 어머니가 보인다

  빛다발 들자 움츠러드는 응축과 희생의 세월, 침묵과 기도만으로 반짝이는 별빛처럼 가슴 언저리 텃밭 하나 푸른 융단처럼 일구며 살았던 어머니, 흘림체로 쓴 삶의 비문 같은 이끼에 손을 얹어보면 비릿한 슬픔의 속살 냄새들이 손금 사이로 배여 나온다 우리 살던 옛집에 해지면 분꽃 피고 이끼 낀 돌담 아래 귀뚜라미 소리 들린다

▎청태의: 오래 묵은 담장에 낀 이끼

겨울 전봇대

아버지란 이름으로

신탁의 의지였나, 열십자 형상으로
달빛 신작로에 만조백관처럼 도열해서
좌 우의정 행사하는 정승인 줄 알았더니
북풍한설 고갯마루 장승 꼴이었다
얼어붙은 구덩이에 족쇄로 발목 매고
포로처럼 쇠줄 포승에 줄줄이 엮인 생生
나그네 뒤쫓아 한 걸음 내딛지도
솔개 되어 창천으로 날갯짓도 못 하고
바람 매질에만 웅웅대는 속절없는 울음

비탈진 벼랑에도 직립으로 가야 하는 길
한설 삭풍에도 흔들리지 않고
바지랑대 없이도 바로 서야 하는 무게중심
그 단내 나는 영혼에 설움이 몰려와도
첩첩산중 고개 넘어 달려온 것은
멀고 먼 소실점 끝에 외딴 오두막
불빛 하나 밝힐 안식처 있으니
실핏줄 같은 불씨 가슴에 안고
숫눈길에 맨몸뚱이 달게 구르며 간다

달래

이른 봄 양지바른 언덕배기
연초록 가여운 줄기 창밖으로 내밀고
햇귀를 맞으며 두리번거리는 어린 달래
아직은 해토머리 찬바람에 귀때기가 파랗다
싹트는 풋것들의 자궁 깊은 땅속
하얀 마늘 뿌리 동글동글 새알처럼 키우고
훗훗한 흙내 곰삭아 애끓는 모성으로 발효되었다
연자홍 두상화를 산형화서로 꽃피운 날
남몰래 가슴속 무거운 씨방을 만든 탓에
골바람 언저리에 한 잎을 발견하면
한 아름 팔 안에 군락을 이루는 달래
멀리 가지 못하는 것은
품 안에 거두고 싶은 자식 같은 속마음
돈 벌러, 출세하러 꿈 좇는 세상 살다 보니
민들레 갓털처럼 멀리 대처로 날아간 자식들
밤마다 동짓날 같은 긴긴 그리움에
첩첩 겹겹 뿌리로만 쌓여 홀로 깊어진 달래 향
산소 갔다 오는 길에 눈에 띈 달래
새큼한 된장국 향기에
그리워지는 어머니 살냄새

코를 골다

아내가 코를 곤다
여울목 자갈 구르는 소리거나
압력밥솥 뜸 들이는 진동 같은
집안일에 근심 걱정이 많았거나
무거운 쟁기로 하루를 힘들게 끌고 왔나 보다
흙냄새가 배인 그 소리는
목줄에 걸린 밥알을 되씹는 궁핍
콧대 높게 살아본 적이 없기 때문이다
고단한 무릎을 펴지 못한 달팽이처럼
꺾이고 부러지지 않는 바람을 닮아
참고 견디는 법을 배우며 새벽을 더듬고 있다
두 어깨를 기대고 들숨 날숨 살다 보면
비바람 지나간 자리는 다 꽃밭이라는 말
푸른 나비의 꿈이 무른 잠꼬대가 되어
백화 난만한 벌판을 훨훨 날아가고 있는 거다
밤새 달까지 달려가는
작은 나방의 날갯짓인 것이다

동영상

혼자 들국화처럼 지내다가
정신도 말짱하고
특별히 아픈 곳은 없지만
거동마저 힘든 고령이 되고서는
몰래 요양원 들어가신 어머니

면회도 자주 안 오는 자식들
남편 묘소 못 가본 지도 오래인데
첫사랑이라도 다시 찾은 여자처럼
웃음 또 웃음 달고 사는 것은
증손자 동영상 보는 재미

눈만 뜨면
하루에도 열 번이고 백 번이고
돌려보고 또 돌려보고
팔다리 버둥거리기만 해도
까꿍! 까꿍! 곰살갑게 인사하고
비누방울 같은 옹알이에
바짝 마른 눈주름에도 꿀이 뚝뚝

증손자가 제일 큰 효도 중

어머니의 눈眼

작지만 깊은 어머니의 눈
사랑이 우물 같아서
한평생 마르거나 얼어붙지 않는다
아랫목 한번 앉은 적 없어도 따뜻하고
화장 한번 하지 않아도 동백꽃보다 곱다
자식을 위해서는
힘들거나 험한 길도 없고
겁 없이 세상과 맞짱도 뜰 수 있는 눈
뜬눈으로 밤을 지새운 수많은 날들
저 투명한 응원의 눈빛마저 없었다면
내 편도 없는 세상 홀로 외롭지 않았을까?
살아생전 결코 배신하지 않을
저 눈보다 더 완고한 눈도 없는
젖 문 아기에게 유일 신앙 같았던 그 눈
달의 순례를 마친 그믐처럼
바늘에 실 꿰느라 헛손질만 하는 지금
빈 젖은 말라가는데 눈물은 갈수록 뜨거워져
눈썹 아래 또 하나의 심장이 뛰고 있다

노모 老母

구순九旬 나이에 홀로 사는 노모 기력은 쇠해도 정신은 말짱하다 그날이 그날이고 그 일이 그 일 같은 일상 풀 죽은 이끼처럼 메말랐다가도 자식들 발소리에 빗물체로 살아난다 어쩌다 전화 한 통 드려도 고맙다고, 아버지 산소에 다녀왔다는 말에도 고맙다고, 손주들 드디어 취직했다는 말에도 고맙다고, 당연한 일이 왜 고마운지 "고맙다" "고맙다" 입에 달고 산다 "잘했다" "잘했다" 할 때는 울 엄마 팔팔해 보였는데, 세상에 당당해 보였는데 이제 뒷정리를 하는 건지 먼 길 떠나려고 자꾸 "안녕" "안녕" 하는 것만 같아 마음이 울적해진다

착한 거짓말

어머니는 거짓말쟁이다
찬밥에 김칫국도 고깃국 먹었다고 우기고
등걸잠 자면서도 원앙금침 깔았다고 한다
그리우면서도 편히 지낸다고 하고
필요한 것 없다며 몸이 먼저 손사래 친다
속이 거북하면 배불리 먹은 탓
평생 노역에 호미처럼 등 굽어도 나이 탓이라 한다
삭정이마냥 거죽뿐인 무게로 살면서
험한 길도 험하지 않다고 아직도 억지를 부린다
뼛심을 다하느라 잃어버린 여자의 손
닳고 닳은 빈손이면서도 내 자식 생각하면
세상에 부러운 것이 없다고 한다
언제나 내 편이 되어주고
밥 잘 먹고 아픈 데 없다는 한마디가
어머니의 하룻밤 안식과 평안을 담보한다
호사할 줄 모르는 가난한 삶
제 살 내준 우렁이처럼 빈껍데기 되어
자기 그림자를 밟으며 어머니가 걸어간다
상처는 감추고 눈물은 숨기느라
순하고 느린 눈빛에는 주술처럼

자식 잘되라는 기도만 정화수로 남았다
사람 온기 없는 달빛 창가에 홀로 앉아
괜찮으니 아무 걱정하지 말라고
어머니는 오늘도 감꽃 같은 거짓말을 한다

어머니의 발

내다 버린 구멍 난 양말이거나
찢어진 장화 속에 감춰진 오래된 유산
직립을 위한 그 작은 발은
꽃버선과는 거리가 먼
한여름 흙투성이 맨살에
푸른 선을 긋는 발등의 실핏줄

가시밭길에 상처 나고
짓눌린 삶에 오체투지로
직진도 모르는 풋내 나는 궁핍
발 없는 뱀처럼
헐렁한 곡선으로 길을 여는
바닥이면서도 뿌리인
그 발

곱다

작품론

자아성찰과 존재의문

자아성찰과 존재의문

허정진 시집 『살다가 가끔 갸우뚱, 한다』의 시세계

김관식 | 시인·문학평론가

1. 프롤로그

독일 철학자 하이데거는 그의 저서 『존재와 시간』에는 "언어는 존재의 집이다. 인간은 언어로 짓는 집 안에 거주한다. 사고하는 자들과 시를 짓는 자들은 이 주거의 감시자들이다. 그들의 감시는 언어가 말하기를 통해 존재의 노출 가능성을 언어화하고, 그것을 언어 속에서 보존하는 한 존재의 노출 가능성을 수행하는 일이다."라고 말했다.

시인은 사물의 개별적 존재로서의 의미를 생성해 낸다. 시인은 시로 사물과 세계를 창조하고, 시간 속에서 자신의 의미를 생성해 내는 언어 존재를 그 안에 보존한다.

시인은 시를 씀으로 자신의 존재를 확인한다. 허정진 시인은 문학의 길을 걸으며 선한 마음으로 자기 수양의 방편으로 자아 성찰을 하면서 자기 존재의 의미를 찾아가는 구도자의 길을 걷는다.

오늘날 과학 문명의 발달로 인간의 모든 기억을 전자기기의 기억으로 대체하고 기계에 의존하는 인공지능의 시대, 인간은 하이데거 말대로 존재 망각과 고향 상실을 상실한 채 살아가고 있는 것이다. 오직 자신의 행복을 물질추구로 대체하려는 현대인의 환상은 자연 질서를 파괴하고 인간만이 생존하겠다는 극도의 이기심으로 생태계의 위기 상황을 초래하고 있다. 따라서 과학의 힘에 의존하는 수동적인 인간으로 전락했고, 인간성의 상실과 공동체 의식의 해체를 가져와 고독한 존재자가 되어 살아가고 있다.

프랑스의 철학자 가스통 바슐라르는 인간이 이룩한 모든 문화는 유용성의 산물이 아니라 즐거움의 산물이다. 꿈은 억압된 욕망의 분출이나 무의식의 발현, 잠들어 있을 때 꾸는 꿈 아니라 깨어있는 꿈, 몽상이라고 했다. 그런데 오늘날 살아가는 사람들은 몽상의 즐거움을 잃어버리고 살아간다. 정신적 가치를 도외시하고 물질추구에 집착하고 살아간다. 따라서 인간다운 삶의 방향키를 상실해 버렸다. 따라서 정신적인 가치를 추구하는 종교, 학문도, 문학까지도 물질을 더 많이 획득하기 위한 수단으로 전락하는 등 세상이 물질로 오염되어 가고 있다.

인간이 이룩한 모든 문화를 유용성으로 바라보려는 사고는 결국 자신의 존재와 살아가는 즐거움을 주는 몽상하는 원초적인 능력을 잃어버리게 한다. 문학의 길을 걷는 사람들이 즐거움을 문학의 본질과는 무관한 속물적인 문학 놀이를 즐김으로써 자신의 존재를 타인에게 과시하려는 속물적인 행위로 오늘날 한국 문단은 매우 혼란스럽다. 따라서 원초적으로 주어진 행복의 능력을 되찾고 몽상하는 즐거움을 되찾기 위한 노력을 게을리해서는 안 될 것이다.

문학작품을 쓰는 행위는 바로 원초적인 즐거움의 본능을 되찾아가는 몽상 활동에서 비롯된다. 그가 밝힌 『책을 내면서』에서 밝힌 "시의 창작은 자기 발견이면서 구도의 과정이다. 나의 글쓰기 또한 낭만과 슬픔 사이를 끝없이 방황하며 열기와 냉기를 토해내고 들이마시며 마음 밭을 가꾸는 일에서 시작된다. 문학의 길은 시시포스의 형벌과 같은 일이지만 가장 나답게 존재하는 일이고 가장 행복한 일이다."라고 말하는 데에서 압축된다.

그는 시를 쓰는 즐거움을 유지하기 위해 유용성을 따지지 않는 글쓰기를 하고 있다. 따라서 독자가 재미있게 읽을 문학작품을 쓰기 위해 노력한다. 그의 글쓰기를 위해 집중과 몰입, 그리고 혼신의 열정을 쏟는 즐거움으로 그는 산문과 운문, 문학의 전 장르에 걸쳐 창작방법을 익히고 창작활동을 하여 개성적인 글쓰기로 여러 공모에서 두루 입상했다. 이는 그의 글쓰기 능력이 탁월하다는 것을 입증하는 증거다.

부연하면 허정진은 수필로 전북일보 신춘문예에 당선되었고, 이미 수필집을 몇 권 발간했으며, 시, 소설 등도 공모에서 당선된 문학적 능력을 공인받았다. 이번에 발간한 시집 『살다가 가끔 갸우뚱, 한다』는 제1부 오래된 슬픔, 제2부 덧셈이 필요한 시간, 제3부 삶의 쉼표가 필요할 때, 제4부 여유는 초록이다, 제5부 당신이라는 느낌표로 각 부 14편, 모두 70편의 알찬 시들로 엮어놓은 시집이다. 전 편의 시가 독자들에게 울림을 준다. 그의 시들을 개략적으로 살펴본 감상을 독자들의 이해를 돕기 위해 사족을 붙이고자 한다.

2. 자아성찰과 존재의문

 허정진 시인은 문학을 신앙처럼 여기고 살아가는 분이다. 그의 자아성찰은 문학작품을 창작하는 과정의 일환으로 이루어진다. 사람은 타인과 관계를 맺으며 살아가는 사회적 존재이다. 바쁜 일상 속에서 자신의 존재마저 망각하고 살아가는 동시대를 살아가는 사람들과 공존하며 살아간다. 서로 관계를 맺으며 어울려 살아가면서 자아성찰을 하며 자신의 존재에 대한 의문이 생길 때면 그는 문학작품을 창작하는 글쓰기를 통해 자신의 내면세계를 알리고자 한다.

 그는 글쓰기 작업은 자신의 정체성을 찾아가는 일이며, 그를 통해 주체적인 존재로서 살아가는 깨어있는 존재임을 확인하는 것이다. 흔히들 서정시는 세계의 자화화한 결과물이라고 한다. 시적 대상과 동일화를 통해 시적 대상들 속에서 자기 자신을 재발견하고, 내면화한다. 즉 나를 버림으로써 나를 찾음으로써 대상과 동일화를 이루며 존재를 자각하는 행위가 바로 서정시의 창작 작업이다.

타인과 공존하며 자신이 선한 존재임을 인식시키는 삶은 결국 세계를 자화화하여 "다 제 속을 비웠기 때문"(삶)임을 깨닫는다. 즉 시적 대상이 되는 사물인 새, 대나무, 범종, 구들장, 북소리, 배, 피리, 연탄불, 등등 자신이 존재하는 공간의 사물들이 자신과 동일화가 이루어지고, 그럼으로써 자신의 존재를 인식하고 확인하는 것이다.

우리는 살아가면서 타자와 소통하기 위해서는 신체의 혀를 통해 약속된 기호 체계인 언어를 통해 소통한다. 그러나 그 혀는 때로는 달콤한 속삭임으로 가슴을 들뜨게 하고, 궁금증을 해결하기 위해 "해갈이 끝나도 묵언 수행 중인/갯벌 조개 다문 입 사이로 칼을 들이대"(혀의 반란)듯이 타인에게 강요하기도 하고, 폭력으로 가슴에 상처를 입히기도 한다.

그 결과는 쓸모가 없는 「버려진 식탁」처럼 관계가 단절되고, 존재의 죽음을 맞이하게 된다. "용도 폐기된 채 내팽개쳐진/무당거미가 차린 허공의 식탁에는/미리 수저 놓기 하던 어린 아들도 이제 없고/웃음기 많은 나물과 찌개를 더 이상 올려놓지도 못한다/어둠을 끌어다 감춘 저 유기遺棄에는/검붉은 그리움만 밤새 서성이고 있다"(버려진 식탁)는 것이다.

1) 과거의 실존에 대한 반성 — 제1부 오래된 슬픔

하이데거는 『존재와 시간』에서 일상을 살아가는 현존재는 각각의 고유한 현존재로서 살아가지 않는다고 보았다. 어느 누구에 의해서도 대체될 수 없는 개체적인 고유한 현존재로 살아가지 않고 있다고 했다. 이들은 세상적인 가치들을 구현하고자 노력하며 살아간다. 다시 말해, 부와 명예 등과 같은 사회적 가치와 관련한 격차를 의식하며 살아간다. 따라서 각각의 현존재는 타자에 의해서 얼마든지 대체 될 수 있는 존재로 전락하게 된다. 격차성과 공공성을 넘나들며 우리는 주어진 시간에 자신의 존재를 성찰하며 인간다운 삶을 살아가기 위해 노력한다. 따라서 인간의 현존재는 시간과 공간을 떠나서 존재할 수 없다. 공간 속에서 세계를 인식하고 시간 속에서 존재의 양식을 체험하며 살아간다. 지나간 과거를 뒤돌아보면 자신의 실존 모습이 드러난다. 생존을 위해 살아온 과거는 현재로 이어지고, 유용성이 없는 문학의 길을 걸어오며 한 송이 풀꽃을 피우기 위해 "기다려주지 않아도 스스로 일어서는 것들은/질기고 긴 뿌리를 갖고 산다/바람에 꺾이지 않을 만큼 제 무게를 감당하다가/그 뿌리의 힘으로 어느 날 줄기를 세우고/햇볕은 부족해도 딛고 설 땅만 있으면/바람만으로 배가 불러도 외롭지 않았던 날들/쪽잠에서 깨어나 더듬는 꿈이/드디어 꽃망울을 피웠다는 소문을 키우고/비록 화려한 꽃잎으로 눈뜬 적 없어도/바닥은 바닥이 기억하는 냄새가 있다"(일어서는 풀꽃)는 사실을 발견한다. 그리고 "한설 삭풍도 맨몸으로 견디며 복사꽃 피워내고/이슬과 바람, 저녁놀과 달빛 그리고 그리움으로/보드라운 속살과 물씬한 단내를 만들었던"(복숭아 껍질론) 복숭아나무처럼 시를 쓰며 살아온 자화상을 발견한다.

그리고 그는 과거의 어린 시절 "질기고도 지루했던 본때 없는 가난/생때같은 식구들 목숨을 거두느라/복사꽃 같던 고운 여자는 없고/짐 진 어머니의 무게만 출렁거렸던 생生/속살 빨아대는 애벌레 같은 자식들에/단물과 향기를 양생하느라 뼛심을 다했던 세월/불가마를 견뎌 존재를 드러내는 항아리처럼/제 빛깔과 형체를 안으로 끌어안아/낙과하는 일없이 홀로 지켜낸 그 자리"(복숭아꽃문살)로 흘러간 시간 속에 존재했던 잊혀진 고향이라는 공간을 떠올린다. 지나간 과거는 그 순간이 고통스러운 것일지라도 미화되기 마련이고, 그리운 정서로 남는다.

그가 파란만장한 미국 생활을 접고 고향이 그리워 함양으로 귀향한 것은 복숭아꽃 문살처럼 그의 기억 속에 각인된 고향 산천의 정서가 회귀본능을 자극했을 것이다. 그는 귀소본능에 의해 고향 함양으로 돌아온 연어처럼 문학을 신앙처럼 받들고 함양 문림의 교주가 되어 살아가고 있다. 오직 신도는 허정진 자신뿐이고, 그의 문학을 빠져들 수많은 독자들이 함양문림의 교주를 떠받들고 그의 구도자적인 삶의 족적을 추앙할 것이 예견된다. 그만큼 그의 시는 사람의 혼을 흔드는 상상력과 무한한 몽상의 희열을 느낄 수 있도록 잘 익은 복숭아의 감칠맛을 길들여지게 할 것이다.

오늘날 한국적인 시인들의 수박 겉핥기식의 시 쓰기로 자신의 존재를 내세우는 속물성에 쐐기를 박기에 충분하다. 그의 시를 읽으면, 사물의 겉모습을 보고 감흥에 젖어 혼잣말로 넋두리를 쏟아내는 허망한 존재의 몸짓이 그 얼마나 무모하고 무가치한 일인가를 깨우치게 되는 그의 시적인 설법은 미래의 예비 독자들로 하여금 그를 교주로 받들어 모시기에 충분할 공감력을 가지고 있다.

  그의 신도들은 "우장처럼 검은 보자기 둘러쓰고/침묵 한 모숨과 물 한 모금/곧은 몸 하나 불립문자로/운명 앞에 단독자처럼 맞짱 뜨고"(콩나물 항아리) 생존을 위해 살아가는 콩나물 같은 도시인들이 물질적인 부를 축적하여 고급 승용차를 몰고 주말이면 맛집과 자연을 찾아 나서다가 시골길을 지나면서 시골 농부의 경운기가 통행을 방해하자 빵빵거리는 상황을 형상화한 「경운기의 시간」을 통해 "자연 아닌 것 하나가/감꽃 같은 시골 하나를 깨뜨리는"(경운기의 시간)에서 도농 간의 격차성을 풍자한 그의 사회적 상상력과 시적 진실에 공감하고 탄성을 지르게 될 것이다.

  적자생존의 자연법칙에 따라 "먹는 자 눈앞에 살아있어야 하는/죽어가는 과정이 존재성이 되는 운명/사지가 잘리고 찢겨/시퍼런 입술에 버팅인 채 잘근잘근/펄펄 끓는 검붉은 무덤에/전신을 알몸으로 태우는 몸부림"(산낙지)치는 산낙지처럼 강자의 폭력에 의해 죽음 맞이하는 「산낙지」를 읽고서는 인간사회의 비정한 생명경시 풍조에 대한 반성적인 사고로 측은지심을 느끼게 할 것이다. 그는 글쓰기를 통해 세상을 자기화하고 인간으로 어떻게 살아가야 하는가의 깨우침과 지나온 과거의 시간성에서 얽혀져 살아온 자신의 실존에 대해 회개하고 반성하며, 좀 더 인간답게 살아갈 방향을 모색하는 것이다. 따라서 그는 문학작품을 쓰는 순간 성인의 경지를 맛보고 그 즐거움으로 작품을 쓰기 위해 단단한 나무껍질을 쪼아대는 딱따구리가 된다.

미련에 밤새 몸부림치던
삭풍 지나간 길목
조각달 지우는 엷은 먹구름 사이로
고요 속에 빈 가지 하나
딱딱 따악~딱
직립으로 세상을 망치질하는
우윳빛보다 연약한 부리
산 한 채 짊어진 목탁 소리처럼
공심空心을 가르는 대찬 파동
저러면 몰래
혼자 혼절할 수 있을까

세상은 냉정하게 되돌아서 있을 때
방아깨비처럼 이마를 짓이겨보던
언젠가 무심코 나도 따라 해본 적 있어
슬픔은 뚝뚝 떨어지고
통증은 덜컹덜컹 사라질 수 있을지
흔들림마다 부서져 내리는 결핍들
아프니까 또 아물 수도 있는 것이라고
그 안에
분명 부드러운 속살 있어
홀로 허공을 졸탁하여
텅 빈 가슴 가만히 들여앉히는 일

- 「그 길에 딱따구리가 있어」 전문

딱따구리는 생존을 위해 나무껍질을 쪼는 새다. 부리가 닿도록 쪼아댄다. 그럼으로써 자신이 살아있는 존재임을 인식한다. 우리는 딱따구리 소리를 듣고 산사에서 수도하는 스님을 떠올린다. 목탁을 두드리며 자신의 존재에 대해 탐구하는 수행은 자신의 마음을 비우는 일이다. 인간사의 괴로움은 마음을 비우지 못하고 늘 가득 채우고 있으려는 지나친 욕심에서 연유한다. 그 욕심 때문에 부정을 저지르고, 남을 비난하고 미워하게 되는 것이다. 시인의 시를 쓰는 행위를 통해 마음을 비운다. 그러나 마음을 비우지 못하고 욕심에 눈이 어두워지면 문학의 본질과는 상반된 엉뚱한 행위로 타인의 관심을 끌게 하고 자신의 존재를 과시하는 속물적인 행동을 서슴없이 자행한다.

창작의 즐거움보다는 넋두리 같은 형편없는 글을 부끄러움도 모르고 시라고 여러 잡지에 발표하거나 자신의 작품집으로 엮어 뜨거운 라면 냄비 받침으로 사용될 사람들에게 나누어주는가 하면, 여러 사람이 모인 곳에서 낭송하여 우쭐하는 그야말로 빈 수레를 끌거나 산지기가 거문고를 연주하며 혼자 좋아하는 꼴불견은 함양문림의 교주인 허 시인의 시를 읽으면 고개가 숙여질 것이다.

시 한 편을 통해 인간사 애증의 모습과 정서적인 교감을 느낄 수 있는 시가 문학의 본질에 근접한 시인 것이다. 그래서 글은 곧 사람이라고 한다. 글을 보면 글을 쓴 사람의 사색 깊이와 진솔한 삶의 농도를 느낄 수 있으며, 인격을 가늠하게 되는 것이다. 무식하면 용감하다고 문단 등단이라고 추켜세운

문예지를 통해 문인이라고 자처하는 사람은 글쓰기의 방법을 익히는 데는 딴전이고, 문인단체의 감투로 자신의 존재를 각인시키도록 명함을 내밀고 하이에나처럼 썩은 고기를 찾아 떠도는 허울만 문인인 사람들이 정치인의 하수인 노릇을 자행하는 풍조에서 참과 거짓의 경계가 모호해져 버린 상황이 오늘날 한국적인 문인 생태계다.

이런 생태계 속에서 은둔하며 문학의 본질만을 추구하며 창작하는 기쁨으로 살아가는 사람이 참 문인이며 조상들의 선비정신을 이어가는 사람들일 것이다. 참 문인의 길은 외로운 길이다. "세상은 냉정하게 되돌아서 있"다. 그럼에도 불구하고 딱따구리처럼 생존을 위해 묵묵히 아픔을 참아내며, 구도자의 길을 걸어갈 수밖에 없다. "아프니까 또 아물 수도 있는 것이라고/그 안에/분명 부드러운 속살 있어/홀로 허공을 졸탁하여/텅 빈 가슴 가만히 들여앉히는 일"로 오직 문학의 길을 걸으며 살아갈 수밖에 없다. 이러한 고통을 감수하며 오직 글 쓰는 일에만 전념할 때 추앙받는 문인으로 거듭날 수 있을 것이다. 그것을 증명이라도 하듯이 소설가 한강이 노벨문학상을 수상하여 대한민국의 위상을 지구촌에 알렸다. 문인의 길은 요란한 문학 활동에 있는 것이 아니다. 한강처럼 묵묵히 글쓰기에 전념할 때 언젠가는 빛을 보게 되는 것이다.

허정진 시인도 일체의 요란한 활동을 하지 않고 딱따구리가 되어 제 몸을 비우는 작업에 치중하다가 그 공명함이 이상이 생겨 투병하다가 겨우 목숨을 부지하며 건강을 회복 중임에도 시집 『살다가 가끔 갸우뚱, 한다』를 발간하게 된 것은 존재 흔적의 절실함을 깨달았기 때문일 것이다. 이번 시집 발간을 계기로 함양문림 교주가 되어 만인의 사랑받는 계기가 되길 바랄 뿐이다.

2) 문학과 종교의 통섭과 합일점 찾기
　― 제2부 덧셈이 필요한 시간

어느 종교나 교리를 담은 신앙서가 있기 마련이다. 교리를 글로 문학의 영역으로 표현된다. 그는 글을 쓰는 행위로 일종의 수행을 하는 문학을 숭배하는 사람이다. 그는 문학의 본질을 추구함으로써 문학과 신앙의 합일점을 찾기 위해 노력하는 사람이다. 종교학자 엘리아데는 그의 저서 『성과 속』을 통해 성스러운 것과 속세라는 대립된 개념으로 종교를 새로운 지평에서 종교를 해석하면서 "성聖과 속俗의 구분을 가장 원초적인 종교적 개념으로 초기부터 '성'이라는 말은 일종의 종교적 행위를 하는 장소와 불가분의 관계에 있으며, '속'이라는 말도 장소를 나타내는 말과 밀접하게 관련되어 있다고 했다.

그리고 성과 속은 서로 명확하게 구분된다는 사실을 다음과 같이 말하고 있다.

> 한쪽이 고귀하면 다른 쪽은 열등하고 한쪽이 숭배, 사랑, 감사의 성격을 띠면 다른 쪽은 혐오, 공포, 위협의 감정을 불러일으킨다. 한쪽은 적극적인 힘, 건강, 사회적인 우월, 전쟁에서의 용기, 노동에서의 큰 힘을 말한다면, 다른 쪽은 죽음과 파괴적인 힘, 병과 재해, 전염병, 범죄 등을 일으킨다. (엘리아데, 『성과 속』, 22쪽)

참된 문학의 길은 성스러운 행위이고, 문학을 도구 삼아 자신을 속이고 자신의 가치를 인정받기 위한 수단이나 밥벌이의 수단으로 이용하는 사람은 그의 문학 하는 방법은 부질없는 속된 활동이 된다고 볼 때 허정진 시인은 속俗의 범주에서 벗어나 성스러운 경지의 문학을 지향한다고 할 수 있다.

물론 사람에 따라 속의 영역에서 문학을 하다가 성의 영역으로 옮겨가기 위해 부단히 노력하는 사람은 언젠가 성스러운 문학작품을 남기게 되지만, 속의 영역에 평생을 벗어나지 못하고 문학인생을 종결하는 사람들을 많이 볼 수 있다.

살아있는 문인이 자신의 존재와 작품을 스스로 영구히 남기려고 문학비를 세운다거나 문학관을 짓고 스스로가 높아지려는 어리석은 짓은 결국 속의 영역에 자신의 이름을 남기게 되는 불행을 자초하게 되는 것이다.

진실로 문학의 가치를 존중하고 문학의 길을 걷는 참 문인은 살아있는 동안 문학과 종교의 합일점을 찾아 겸손하게 자신은 물론 동시대를 살아가는 사람들의 아픔을 치유하고 대변하는 역할을 하는 구도자의 길을 걷게 되는 것이다.

> 혀를 제단에 바치면 시詩가 되고
> 혀를 나에게 사용하면 말語이라는데
>
> 사랑 아닌 사랑을 찾고
> 지문처럼 새겨진 퀭한 상처만 끌어안고
> 나를 죽여 구원의 기쁨을 붙잡지도 못한 채

칸델라 파란 불꽃처럼 틈마다 흔들리고 살면서

시가 어디에 있나?

그렇지 않은 것을 그렇게 느껴야 하는 체험도
보이지 않는 것을 마음으로 보는 영감도 없이
들으려는 귀도 열지 않고
읊으려는 입도 열지 않고

시가 어디서 왔는지 모른다던 네루다의 푸념처럼!

그리움이 성육되는 깊고 깊은 밤
내 안의 말이 허물을 벗고
잠들어 있던 영혼이 말씀으로 다시 태어나면
침 바른 연필심 꾹꾹 눌러가며, 밀서처럼
주님의 시詩를 눈물로 받아 적는다

신神이 이미 만들어둔 것을
나는 다만 돌을 깎았을 뿐이라는 미켈란젤로의 조각처럼

- 「시인이 되다」 전문

"시가 어디서 왔는지 모른다던 네루다의 푸념처럼" 시인은 시를 쓰기 위해 간절하게 기도하는 시인의 자세야말로 문학과 종교를 통섭하여 그 합일점을 찾아가기 위해 노력하는 성스러운 창작자의 태도일 것이다.

그는 2부에서 줄곧 따뜻한 시선으로 자신을 비롯한 동시대를 살아가는 사람들과 소통하기 위해 그는 「기도의 연줄」을 놓지 않는다.

"당기고 풀어내며 멈추는 일없이/성령의 보금자리에 둥지 튼 연을 지탱하며/결코 놓치지 않는 언약의 끈/허공은 그걸 받아주려고/바지랑대 치켜든 빨랫줄처럼/밑줄 친 말씀 한 구절 팽팽히 잡아당긴다//누군가 위에서 당겨주고 있는 느낌/손안에, 짜릿한 그 응답!"(기도의 연줄)을 감지할 때 창작 희열을 맛보게 된다. 그 희열을 느끼기 위해 그는 날마다 몽상의 연을 하늘에 띄우고 풀어주고 당기는 작업을 쉬지 않고 수행하는 것이다.

그는 때로는 사색을 위해 「돌담길을 걷다」라는 산책을 한다. 그럴 때면 그는 항상 「마음의 귀」를 활짝 열어 둔다. 꿈 많던 청소년 시절 「등대」를 바라보며 꿈을 이루기 위해 노력해 합격 통지를 받고 기뻐했던 순간처럼 항상 일관된 자세로 시를 쓰는 희열을 맛보기 위해 기꺼이 컴퓨터 자판을 두드린다. 그러다가 외로워지면 친구를 찾아 나선다. 「친구를 찾아 나설 나이」가 되었음을 실감하지만, 속된 세상에 물든 사람들만 있을 뿐 진정한 친구를 만나기가 어렵다는 사실을 실감한다. 이는 이 시대를 살아가는 사람들이 모두 느끼는 공통된 마음일 것이다.

"흑조黑潮를 누비던 연어의 회유성/모태로 역류하는 이 나이는/서로에게 용서와 화해가 필요한 시간/욕欲과 환幻 비워낸 그 자리에, 산처럼/말없이 옆에만 있어도 좋은/풍경 같은 친구 한 명 있었으면//제 자랑만 하려고 오늘도/술 마시고, 밥 먹자는/그런 사람밖에 없다"(친구를 찾아 나설 나이). 이처럼 삭막한 시대에 그는 "서산마루 두둥불로 흔들리던 노을이/가는 길동무 되어 동그랗게 보듬고 가"는 「동절기」를 맞는 「부록의 시간 - 독거노인」과 홀어머니 아파트 현관에 놓인 「신발 한 켤레」를 떠올리며 씁쓸하게 덧셈이 필요한 시간임을 깨닫는다.

3) 영혼의 안식처, 사향의식思鄕意識과 사모곡思母曲
 — 제3부 삶의 쉼표가 필요할 때

누구나 어린 시절 태어나고 자란 고향은 영혼의 안식처로 자리 잡는다. 궁핍한 삶을 살아왔더라도 그 생활이 미화되어 머릿속에 파노라마 영상으로 녹화되어 문득 고향과 유사한 풍경과 그때 함께 살았던 고향 사람을 닮은 사람이나 목소리를 들었을 때 불현듯 사향의식思鄕意識으로 녹화된 어린 시절이 재생되는 것이다.

꿈을 좇아 바쁜 일상을 보낼 때는 기억 한편에 숨어서 재생을 망각한 고향이 나이가 들어갈수록 고향을 떠올리는 횟수가 늘어나게 된다. 그래서 오래된 친구나 가족이 멀리 떠나 소식이 없을 때 무소식이 희소식이라는 말이 있다. 절박한 상황일 때 영혼의 안식처를 찾아 나선다. 사향의식은 정신적인 피로를 해소하고 갈등과 불안한 상황에서 최적의 행동을 찾도록 치유하는 영혼의 안식처라고 할 수 있다,

늦은 밤 단칸방 윗목에

모란꽃수 상보 끌어안은 소반

조무래기 무릎 나온 바지들 횃대에 걸리고

등밀이로 온 방 안을 휘젓는 막내의 잠버릇

구들장은 화롯불만큼 뜨끈해도

삼십 촉 알전구는 어둠 앞에 가난했다

구멍 난 양말쯤은 그림자로도 꿰매고

괘종시계 울리듯 문풍지 떨릴 때마다

아랫목에 앙군 밥주발에 눈길 가는 어머니

엄동설한도 꾸벅대는 길고 긴 겨울밤, 이런 저녁은

달팽이 같은 시간을 아껴먹던 평온이 아니었나 싶다

일터에서 밤늦게 귀가한 아버지

고흐의 자화상처럼 동여맨 목도리에

새파랗게 얼어붙은 노동이 뒤따라오던 골목길

그런 날은 어린 눈에도 아버지란 존재를

누군가의 어깨가 된다는 것에 대해 어렴풋이 생각해 본 것 같다

하루의 쉼표들로 막 데워낸 된장찌개

이불 귀에 몸 녹인 정情들이 서로를 다독일 때

밥상 너머로 전해오는 비로소 완성된 가계도 하나

가난하지만 결코 불행하지 않았던

그런 저녁들을 위해서

식구들은 해지면 집으로 돌아왔던 것이다

-「밥상의 해석」전문

이 시는 정지용의 「향수」와 같이 한국인이면 누구나 공감

하는 산업화 이전에 궁핍한 시절의 고향 생각을 떠올리게 한다. "단칸방 윗목", "모란꽃수 상보 덮인 소반", "횃대", "등밀이", "구들장", "삼십 촉 알전구", "구멍 난 양말". "괘종시계", "아랫목에 앉군 밥주발", "된장찌개" 등 궁핍한 시절 전통적인 시골집 방안의 모습을 재생시킨 소재들이다. 노을이 질 무렵 노동을 마치고 귀가한 아버지, 가난하지만 단란한 밥상을 온 식구가 함께 먹고, 엄동설한 구들장에 불을 지펴 잠을 자면서도 행복했었다. 오늘날의 생활과는 격세지감이 있지만 "하루의 쉼표들로 막 데워낸 된장찌개"를 맛보는 밥상은 오늘날 맛집을 찾아도 그 맛을 느낄 수 없는 포근한 정서로 행복감을 느끼게 하는 밥상일 것이다.

고향을 떠나 생존을 위해 여기저기 좀 더 나은 일자리를 찾아 「덩굴손」을 뻗으며 살아오면서 지친 피로는 어린 시절 어머니를 따라 고향의 오일장을 갔던 「그리운 날들」이 뇌 속에서 파노라마 영상으로 펼쳐질 때 마음이 편안해지는 것이다.

"머리 위에 장 보따리 나비 떼처럼 춤추는 오후/나른한 햇살이 졸음 겨운 눈꺼풀에 내려앉으면/등 내민 엄마 목덜미 끌어안고/발밤발밤 집으로 돌아가는 꿈결 같은 시간//방 하나 독차지한 듯 호젓한 편안과/국수보다 더 배부른 내 것에 대한 만족감/새척지근한 속살 내음 귀빰으로 핥았던/어머니 따뜻한 등이 그립다"(그리운 날들)고 이제는 노년기를 맞이한 뒷방 늙은이가 된 궁핍한 시대를 살아왔던 동시대 사람들의 어린 시절의 향수를 소환해 눈시울을 뜨겁게 한다.

어린이 건 늙은이 건 나이에 상관없이 어머니에 대한 그리움은 공통된 정서이다. 노년기가 될수록 동심으로 돌아간다고 한다. 동심은 인간다운 가장 순수한 마음으로 유용성을 따지지 않는다고 한다. 그러기 때문에 공통분모로 공감하게 되고, 공동체가 하나가 되는 유토피아라고 할 수 있다.

이제 박물관의 유물이 된 「어머니의 호미」는 녹슬었고, 쓸모를 다해 버려졌다. 그는 「어머니의 호미」를 보고 "고향 옛집 허청에 덩그러니/대 끊긴 유산처럼 홀로 걸려있는 호미/무너진 담장 너머 숨어있던 바람이/새척지근한 땀내를 한 움큼 떨구고 지나간다//서 있는 것이 죄이기라도 한 듯/따개비처럼 땅에 붙어 엉금거리는 생生/비탈진 돼기밭도 문전옥답만 같아서/자식새끼 양육하듯 밭이랑 끌어안는 시간마다/둥글게 몸을 말은 그림자도 뒤뚱거리며 뒤따른다"(어머니의 호미)라고 어머니를 떠올린다. 기억 속에 저장된 고향 옛집 허청의 호미는 어머니께서 생생하게 살아계실 때 해마다 풀과 씨름을 하며 농작물을 가꾸기 위해 애쓰신 농기구다.

기계화 영농으로 옛스런 시골 풍경이 송두리째 사라졌다. 이제 빛바랜 사진첩에 남아 있거나 박물관의 유물로 남게 되었다. 변화의 속도가 빨라진 과학문명의 시대에 인간은 자연과의 공존을 포기하고 편안한 삶을 살고자 자연에 무자비한 폭력을 가해온 나머지 이제 자연환경의 파괴로 인한 응징의 대가를 치를 때가 되었다. 이러한 불안한 상황에서 이런 상태로는 지속 가능한 미래를 후손들에게 물려주기 어렵게 되었다. 이러한 시대적 절실한 메시지를 전달할 사람이 바로 문학의 길을 걷는 사람인 것이다. 그가 시로 진술한 사모곡을 통해 그는 자연과의 공존하며 살아가야 하며 이제 탐욕의 무분별한 개발을 멈추고 삶의 쉼표가 필요할 때임을 역설하고 있는 것이다.

4) 자연성 회복과 마음치유 - 제4부 여유는 초록이다

노자는 마음 치유는 자연 속에서 허정심虛靜心으로 돌아가 욕망을 비우고, 자기 상실의 문제를 반성하고 결단하는 비움의 과정이며, 편견과 상처받는 마음에서 본래의 온전한 마음 상태로 되돌리는 과정이라고 말하고 있다.『老子』는 자연성 회복은 집착과 욕망에서 벗어나 인간 본성으로 되돌아가는 것이라고 했다.

자연성을 회복하려면 마음을 병들게 하는 집착과 욕망에서 벗어나 허정심虛靜心의 상태로 돌아가는 것이다. 산은 늘 곡선으로 자연스럽다. 노자가 말하는 자연은 생태계로서의 자연이 아니라 자연스러움 즉 '스스로 그러하다'라는 의미의 자연이다. '스스로 그러함'을 발견한다는 것은 정말로 위대하다. 모든 것의 원인이 나에게서 비롯된 것이지 남에게 있지 않다는 의미로, 모든 것의 원인이 내가 되어야지 남이 되어서는 안 된다는 주장이 노자철학의 핵심이라고 한다. 우리가 자연을 찾는 것도 주체적인 자연성을 회복하기 위함이고, 여유를 갖고 마음을 치유하기 위한 휴식의 공간을 제공하기 때문이다. 실제의 자연을 찾아서 의미적 자연으로 병든 마음을 치유한다고 볼 수 있다. 의미적 자연은 우리가 상상하고 희구하고 해석하는 이상 속의 자연을 말한다.

허 시인은 허정심虛靜心으로 돌아가 문학작품을 창작하기 위해 초록의 여유를 즐긴다. 산과 내를 찾아 산책을 즐기며 하찮은 풀꽃을 바라보고도 사색을 하여 「풀꽃의 해석」으로 내려보고, 산을 바라보고 인간의 삶을 떠올리며 시적 대상을 자아와 일체화한다. 또한 철학적인 사색을 통해 무한한 상상력을 발휘한다. 그리고 시적 대상이 되는 자연 사물을 인간의 삶으로 엮어 시적 형상화하는 과정을 거쳐 독자들로 하여금 호기심과 깊은 사색을 촉발하는 다의적인 시를 빚는다. 좋은 시는 다의적으로 해독이 될 수 있는 시다.

> 산에 산이 업혀 아슴푸레 잠들었다
> 등짝에 벤 새척지근한 땀내와 계절의 풋내는
> 귀뺨으로 핥았던 어머니 살냄새를 닮았다
> 오르다가 내리다가, 숨었다가 보였다가
> 빨리 가거나 앞서가지 않는 길을
> 양육하는 산은 직선을 만들지 않는다
> 속도보다 나선형의 시간에 익숙한 굽은 길
> 발 없는 뱀이 걷는 보법이며
> 둥근 나이테를 목각하는 산의 오래된 습관이다
> 제 몸을 비워내며 열매가 발효하듯
> 맨바닥을 견디며 숙성된 구불구불한 산길
> 나무의 각도를 여는 바람의 고샅길처럼
> 순하다
> 동안거 마친 산이 전하는 푸른 법어는
> 천천히 가는 것이 더 멀리 가고

느린 것이 더 오래 가는 힘이라고 말한다
동그란 시간이 모여 사는 산길
모였다 흩어지며 종곡점도 없는 여정
신호등이나 표지판이 없어도
아무도 길을 잃었다는 풍문은 들리지 않는다

- 「곡선의 시간」 전문

곡선은 부드럽다. 곡선으로 펼쳐진 산은 자연스럽다. 산은 풀과 나무, 산짐승까지 모두 품어준다. 봄이면 새싹이 움트고 여름이면 신록의 숲이 우거진다. 산을 통해 사람의 삶을 유추해서 형상화한 그야말로 자연스런 시다. 그는 신록이 우거진 푸른 산을 보고 사색을 통해 푸른 산의 방정식을 풀어가며 마음을 치유한다.

"세상살이가 뻑뻑할 때마다 땀구멍을 여닫지만/때로는 숫기 없는 식은땀을 흘릴 때도 있다/생때같은 식구들 목숨을 거두느라/둥글게 몸을 말아 바닥으로 걷는 어머니처럼/등 굽은 노송이거나/벼랑을 가로지르고 높은 벽을 넘는 초록들은/얼마나 많은 땀으로 산이 되는지 알고 있다/자애로운 속성들은 푸른 것이어서/조록 토끼들이 사는 산에는/옆구리마다 갈맷빛 생장점이 튀어나오고/막혔던 혈관을 순례하는 푸른 피돌기 따라/메마른 가슴에 덜컹, 빗장 푸는 소리 들려온다"(푸른 산의 방정식) 그의 방정식에는 어머니가 등장한다. 그가 태어나서 길러주신 분이고, 그가 자연성 회복하고, 마음을 치유하는 근원이기 때문이다.

5) 부모에 대한 효심의 엘레지 — 제5부 당신이라는 느낌표

허정진 시인은 부모에 대한 효심과 가족애가 남다르게 깊은 분이다. 시집의 전편에 효심이 깔려 있다. 특히 제5부 당신이라는 느낌표는 아버지와 어머니, 아내에 대한 효심과 가족애를 담은 엘레지이다. 아버지에 대한 시로는 「아버지를 읽는 법」, 「모념慕念」, 「겨울 전봇대」, 「아버지」 등이 있다. 그리고 어머니에 대한 애틋한 사모곡이 많은데, 서울에서 홀로 사시는 홀어머니를 두고, 홀어머니께서 돌아가실 때까지 고향인 함양에서 살고 있어서 늘 어머니에 대한 걱정스런 마음을 해왔기 때문일 것으로 추정된다. 어머니를 소재로 한 시로는 「어머니의 발」, 「춘궁기」, 「이끼」, 「달래」, 「동영상」, 「어머니의 눈眼」, 「착한 거짓말」, 「노모老母」 등이 8편이고 다른 부에서도 많이 등장한다. 아내를 소재로 한 시는 「코를 골다」, 「노화老花」 등이다.

이 중에서 사물 시로 「달래」를 통해 어머니가 걸어온 인생사를 압축해서 형상화해서 서정적으로 진술한 감동을 주는 시 한 편을 살펴보기로 한다.

> 이른 봄 양지바른 언덕배기
> 연초록 가여운 줄기 창밖으로 내밀고
> 햇귀를 맞으며 두리번거리는 어린 달래
> 아직은 해토머리 찬바람에 귀때기가 파랗다
> 싹트는 풋것들의 자궁 깊은 땅속
> 하얀 마늘 뿌리 동글동글 새알처럼 키우고

훗훗한 흙내 곰삭아 애끓는 모성으로 발효되었다
연자홍 두상화를 산형화서로 꽃피운 날
남몰래 가슴속 무거운 씨방을 만든 탓에
골바람 언저리에 한 잎을 발견하면
한 아름 팔 안에 군락을 이루는 달래
멀리 가지 못하는 것은
품 안에 거두고 싶은 자식 같은 속마음
돈 벌러, 출세하러 꿈 좇는 세상 살다 보니
민들레 갓털처럼 멀리 대처로 날아간 자식들
밤마다 동짓날 같은 긴긴 그리움에
첩첩 겹겹 뿌리로만 쌓여 홀로 깊어진 달래 향
산소 갔다 오는 길에 눈에 띈 달래
새큼한 된장국 향기에
그리워지는 어머니 살냄새

— 「달래」 전문

봄날, 남달리 효심이 강한 그가 부모님의 산소에 갔다가 돌아오는 길에 발견한 「달래」를 소재로 어머니의 인생사를 압축해서 보여주는 그의 탁월한 문학적 역량을 보여주는 시라고 할 수 있다. 오늘날 많은 시인들이 습작을 게을리하여 시적 대상이 되는 사물과 일체화를 시키지 못하고 사물에 감정이입을 하거나 사물의 외형만을 진술하고 있는 시들이 대세인 상황에서 이 시는 습작하는 시인들의 모델링이 되기에 충분할 것이다.

시적 대상을 인간의 삶과 견주어 형상화하고, 두 가지 상황을 결합하여 입체적으로 형상화하는 병치기법을 구사한다거나 또는 상징적으로 우회해서 진술하거나 오감으로, 감각적으로 구체화시켜 표현할 수 있는 시적 역량을 갖추었을 때 비로소 부끄럽지 않은 떳떳한 시인이 되는 것이다.

　부모에 대한 효도는 부모가 살아계실 때 행하는 것이 도리이지만, 대부분의 사람들은 살아계실 때는 부모를 소홀히 모시다가 돌아가시면 그때 서야 자신의 잘못을 뉘우치고 효심을 발휘하는 경우가 많다. 자식이 부를 축척하면 돌아가신 부모의 무덤을 호화스럽게 꾸미고 묘비를 세우는 일은 부모에 대한 효심이라기보다는 자신이 출세했음을 과시하기 위한 수단이 되기 때문에 보는 사람들의 시선이 곱지 않을 것이다. 하물며 문학의 길을 걷는 사람들 중에 기본적인 문학적 표현 능력도 갖추지 못한 시인들이 사후에 자신이 시인이었음을 과시하기 위해 자신의 시를 시비에 새겨 곳곳에 세우는 일은 사후에도 문학의 길을 그릇되게 인식하고 탐욕에 눈이 어두워 살아온 무식한 가짜 문인이었음을 자랑하는 꼴이 되어버림을 명심해야 할 것이다.

　이런 깨우치지 못한 사람들에게 허정진 시인의 시집이 문학의 길을 바르게 걸을 수 있도록 방향을 제시하는 나침반이 되었으면 하는 소망이 간절할 뿐이다.

3. 에필로그

허정진 시인의 시집 『살다가 가끔 갸우뚱, 한다』는 한마디로 압축해서 말하면, 자신의 내면세계를 꾸밈없이 보여주는 시집으로 문학의 본질을 추구하며 문학작품을 창작하기 위해 신실한 신앙인의 자세로 자아를 성찰하고, 존재에 대한 의문을 철학적으로 사색하고, 모색하며 살아온 결과물이다. 진정성 있게 문학의 길을 걸어온 생생한 증거는 70편의 각각의 시들이 그의 생생한 문학적 족적이 되고 있다.

그의 시집은 5부로 짜여졌다. 각부 별로 요약해서 정리하면 다음과 같다.

첫째, '제1부 오래된 슬픔' 14편에서는 과거의 실존에 대한 반성적 사색에 기반을 두고 형상화되고 상징적으로 진술한 시들이다.

둘째, '제2부 덧셈이 필요한 시간' 14편의 시들은 문학과 종교가 통섭하여 합일점을 모색하는 과정의 시들이라고 할 수 있다.

셋째, '제3부 삶의 쉼표가 필요할 때'에 수록된 14편의 시들은 영혼의 안식처를 찾아가는 과정에서의 사항의식思鄕意識과 사모곡思母曲을 노래한 시들이다.

넷째, '제4부 여유는 초록이다'에 실린 14편의 시들은 자연성 회복을 회복하여 인간의 본래적인 마음인 허정심虛靜心으로 돌아가 마음을 치유하기 위한 시들이다.

다섯째, '제5부 당신이라는 느낌표'에 실린 14편의 시들은 부모에 대한 못다 한 효심과 회한의 엘레지라고 할 수 있다.

  이번이 허정진 시인의 시집 『살다가 가끔 갸우뚱, 한다』의 발간 축하드리며, 수많은 독자들의 이 시집을 애독하여 자신의 삶에 대해 갸우뚱하며 자아를 성찰하고, 자신의 존재에 대한 의문을 갖기를 바란다.

kks41900@naver.com